Francfort
DECOUVRIR
MAINHATTAN

**LA METROPOLE
SUR LE MAIN
SURPREND
PAR SA DIVERSITE**

Sa réputation est incontestable:
à travers le mode entier, Francfort-sur-
le-Main est connu comme une ville
par où s'écoule de l'argent. Elle est
considérée comme une ville charman-
te, mais un peu froide. Le rythme de
la vie des ses 650 000 habitants est
relativement accéléré, marqué par le
fonctionnement des banques, de la
bourse et des foires. Le premier regard
se dirige tout seul vers la Skyline des
gratte-ciels, fruit du travail des architectes les plus connus au monde, qui
ne constituent qu'une de facettes de
Francfort. Si on observe la ville de
plus près, on y retrouve des recoins
tranquilles, des ruelles silencieuses et
des arrière-cours. On découvre aussi
sa vie nocturne très diversifiée et sa

culture variée, accentuée par des innombrables musées exceptionnels, la performance musicale de très haute qualité et le cabaret. Les gens de quatre-vingt nationalités créent l'ambiance de cette métropole, ainsi que celle des quartiers dont elle est composée. Francfort est une ville sur le Main où on retrouve à la fois des éléments multiculturels et campagnards, mondains et locaux. Au centre des vieux quartiers, on retrouve encore aujourd'hui des maisons à colombage, d'étroites ruelles et des tavernes de vin de pommes. Des gratte-ciels, nommés aussi des palais de verre, constituent un témoignage d'aspiration de cette ville à renforcer son pouvoir et son influence (après la seconde guerre mondiale, Francfort était à deux pas à devenir capitale de la République Fédérale d'Allemagne). Dans cette ville d'affaires, des monuments tels que la Kaiserdom (cathédrale impériale) et la Pauluskirche (église de St. Paul) permettent de sentir de façon palpable la transformation de cet empire médiéval en un pays nationaliste. Les citoyens de Francfort ont toujours été critiques envers les autorités et très autonomes. C'est de leur propre initiative que l'université de Francfort, le pont de pierre sur le Main et l'Alte

Oper ont été construits. De grands poètes et penseurs tels que Johann Wolfgang von Goethe, Arthur Schopenhauer et Theodor W. Adorno étaient d'origine de Francfort. De nombreuses maisons d'édition favorisent le développement du coté intellectuel de Francfort, les foires et l'aéroport reflètent les tendances les plus récentes et soulignent le caractère international de la ville. Francfort-sur-le-Main est une ville pleine de contrastes, une ville extraordinaire. Malgré les grandes envolées vers le monde du pouvoir et de la finance, ses habitants ont toujours gardé leur esprit réaliste. La métropole sur le Main continue à attirer des masses de touristes du monde entier. Cette ville vaut un amour à long terme.

Bienvenue à Francfort !
Simone Spohr

Francfort

**HISTOIRE
DE LA
VILLE**

Déjà dans la préhistoire (à partir
de l'an 3000 avant JC au plus
tard), une colonie était présente
sur la montagne de cathédrale.
Au 1-er siècle après JC, une base
militaire romaine s'est développée
dans le même endroit. En 550
après JC, près de l'Eiserner Steg,
les Francs ont découvert une
barrière de rocs qui leur permet-
tait de traverser le Main de façon
confortable et en pleine sécurité ;
la seule condition pour le faire
était le niveau d'eau normal.

794

Francfort a été mentionnée pour la première fois dans un document de Karl der Grosse en tant que « Frankonofourd », ce qui voulait dire « le gué des Francs ». Plus tard, ce nom a été transformé en « Frankfurt ». Ce n'est qu'au 19-ème siècle que le lit de la rivière a été creusé et le gué est disparu fois ; au fil des siècles, il a été détruit 17 fois. Fondation du couvent des Weissfrauen.

VIII/IX ^{-ÈME} SIÈCLE

De nombreuses assemblées impériales à Francfort, construction de la place des Carolingiens, consécration de la Salvatorkirche à l'endroit où se trouve la cathédrale contemporaine. Fondation du monastère royal de St. Barthélémy. Une fois la domination des Carolingiens finie, l'importance de Francfort diminue.

XI/XII ^{-ÈME} SIÈCLE

Développement du « marché » de Francfort mentionné pour la première fois en 1140. Les Staufer reconnaissent l'importance stratégique de Francfort. Construction du Saalhof, palatinat des Staufer. Organisation de nombreux congrès parlementaires à Francfort. Sachsenhausen mentionnée pour la première fois de façon officielle.

XIII/XIV ^{-ÈME} SIÈCLE

La colonie de Francfort devient ville. Nomination du bourgmestre et du conseil des assesseurs responsables de l'administration de la ville. L'Alte Brücke mentionné pour la première

1356

Suite à la publication de la Goldene Bulle (Bulle d'Or), Francfort est devenu lieu d'élection des rois allemands. Ce document qui définit précisément le déroulement des élections, reste en vigueur jusqu'à l'an 1806.

XV/XVI^{-ÈME} SIÈCLE

Fondation de la première banque de Francfort (1402). L'« Haus zu Römer » devient hôtel de ville. Construction de la tour de cathédrale. Finition de la tour Eschenheimer Turm qui est l'une des 55 tours faisant partie intégrante de la muraille de ville. Construction de la Judengasse. Les citoyens de Francfort procèdent à la fondation de la première école laïque. Après la reforme, Francfort devient évangélique – luthérien.

XVII/XVIII-ÉME SIÈCLE

La bourse de Francfort mentionnée pour la première fois (1605). Francfort compte environ 19 000 habitants, le nombre des Juifs etant estimé à 3 000. Insurrection contre le conseil de la ville et des actes de violence contre les Juifs. La peste ravage la ville et entraîne la mort des milles de personnes. Le « Frankfurter Journal », plus tard nommé « Frankfurter Intelligenzblatt » est l'un des premiers journaux publiés dans la ville. Les Brentanos déménagent à Francfort. Création des premières banques de Bethmann, de

Rothschild et de la banque von Metzler. Naissance de Goethe (1749). Inauguration du « Komödienhaus », premier théâtre municipal. En 1790, la ville de Francfort compte environ 42 000 habitants.

XIX-ÉME SIÈCLE

Création de la Museumgesellschaft (société des musés), ouverture du premier musée. Grâce à une donation de

Johann Friedrich von Städels, après un long procès, a eu lieu l'inauguration du musée Städel. Fondation de la Senckenbergische Naturforschende Gesellschaft (Société Senckenberg de recherches sur la nature). Première production des « Frankfurter Würstchen » et des « Bethmännchen ». Arthur Schopenhauer déménage à Francfort. Inauguration de la Pauluskirche. En 1848, s'est réunie à Francfort l'Assemblée Nationale, premier parlement allemand. La Frankfurter Societäts-Druckerei publie le Frankfurter Zeitung, journal de Francfort. Le premier Zoo à Francfort a été ouvert dans la Bockenheimer Landstrasse. Consécration de la nouvelle Haupzsynagoge. Ouverture des Wasserhäus-

chen, buvettes des eaux thermales. Fondation de « Maister, Lucius & Brüning », dénommée plus tard « Farbwerke Höchst ». Inauguration du pont suspendu Eiserner Steg. Heinrich Christian Henninger fait construire à Francfort une petite brasserie moderne, Philipp Possmann y ouvre le restaurant « Zum Taunus » et y pressure du vin de pommes à son propre compte. Première rencontre de la ville avec le « Jazz » ; l'opéra situé sur la place où se trouve l'« Alte Oper » contemporain, inauguré avec le « Don Giovanni ». En 1886, démolition de la Judengasse. En 1890, le nombre des habitants de Francfort se chiffre à environ 180 000.

XX-ᵉᵐᵉ SIÈCLE

Première exposition d'automobiles internationale (1900). De nombreuses communes sont annexées à la ville, suite à quoi le nombre des habitants de Francfort augmente à 290 000 en 1900. En 1907, il y a sept cinémas à Francfort. Construction de l'aérodrome Rebstock qui devient aéroport central en 1926. L'Université de Francfort, première université en Europe fondée grâce à une donation, est inaugurée en tant que « Königliche Universität Frankfurt am Main ». Ce n'est qu'après 100 jours après la mort de Goethe (1932) qu'elle a changé de nom et a été rebaptisée Johann-Wolfgang-Goethe- Universität. Lors d'un exposé à Francfort, Rosa Luxembourg critique violemment la guerre, suite à quoi elle est mise en prison. Max Beckmann aménage son atelier dans la Schweitzer Strasse. Après la première guerre mondiale, les troupes françaises occupent certaines parties de Francfort. La communauté de gymnastique de Francfort « Frankfurter Turngemeinde von 1861 » et le club de football Fußball-Club 06 fusionnent en 1920 et se transforment en « Frankfurter Turn- und Sportgemeinde Eintracht e.V. von 1861 ». Le siège de cette association se trouve toujours à Riederwald. En 1925, après 20 ans de préparatifs, la grande industrie chimique fusionne avec « IG Farbenindustrie Aktiengesellschaft » et procède à la construction de son siège dans le Frankfurter Westend. A ce jour, ces bâtiments appartiennent à l'université. En 1929, la NSDAP remporte 9,9 % des voix dans les élections municipales et elle gagne ainsi 9 sièges à l'hôtel de ville. La SPD avec ses 25 sièges est la fraction la plus forte. En 1930, lors des élections parlementaires, la NSDAP remporte presque 20,8 % des suffrages et lors des élections renouvelées en 1933, elle remporte 44,1% - plus que la SDP et la KPD au total. De nombreux magasins et synagogues juifs ont été détruits lors de la « Nuit de cristal », plus de 11 000 des Juifs de Francfort ont perdu leurs vies à l'époque du régime de nazis, plusieurs d'entre eux ont été déportés et envoyés dans les camps de concentration. Parmi ces personnes, il faut mentionner Anne Frank, née à Francfort. En 1943 et 1944 Francfort subit des bombardements. Les incendies étant la conséquence des explosions, dévorent complètement l'Altstadt, centre historique, de Francfort. Juste avant l'intervention de

l'armée américaine, tous les ponts enjambant le Main ont été explosés. En 1945, Francfort a été occupé par les troupes américaines. C'est jusqu'à 1952 que se trouve ici le siège de l'Administration militaire des Etats-Unis et l'aéroport de Francfort devient la plus importante plateforme des forces aériennes américaines. Le maire de Francfort décide de la reconstruction de la ville. Frankfurter Rundschau et Frankfurter Allgemeine Zeitung sont publiés à Francfort. En 1949, a eu lieu à Francfort la première foire des

livres.Thomas Mann remporte le Prix de Goethe fondé par la ville de Francfort. Construction d'un pont aérien entre Francfort et Berlin. L'importance de l'aéroport de Francfort augmente. La ville de Francfort contemporaine implique les notions d'une plateforme commerciale mondiale et celle d'une métropole internationale.

KULTUROTHEK
Frankfurt

Le team de la Kulturothek a préparé un programme public qui englobe plus de 50 visites guidées, donc tout un éventail de possibilités de visiter la ville et d'aborder non seulement des sujets agréables et légers, mais aussi des sujets sérieux.

Un voyage dans le temps à la découverte de l'histoire de la ville de Francfort, p.ex. à travers les ragots d'une dame de marché de l'Altstadt du XIX-ème siècle.

Découvrez à pied, tout tranquillement et sans stress, la beauté et l'importance de la ville de Francfort.

Sur l'internet, vous allez trouver les thèmes des visites guidées de dimanche et de week-end, ainsi que les lieux des rendez-vous respectifs.

Kulturothek Frankfurt
An der Kleinmarkthalle 7-9
60311 Frankfurt

Tél.: 069 – 28 10 10
Fax: 28 10 70

Courriel: info@kulturothek.de
www.kulturothek.de

Heures d'ouverture:
(Bureau – boutique)
Lundi – vendredi 10h – 12h
Samedi 11h – 14h

Les
ETERNELS
Classiques

Francfort est une ville à tradition historique très riche. Déjà au XIIIème siècle, l'empereur lui a donné le privilège de pouvoir organiser chaque automne une foire sur la Römerberg. La cathédrale impériale et la Pauluskirche, localisées dans la métropole d'affaires sur le Main, vous invitent à suivre de

près la transformation de l'empire médiéval en un pays nationaliste. L'assemblée qui a eu lieu en 1848 à la Pauluskirche, a déclenché le processus de la démocratie en Allemagne.

KAISERDOM

En fait, l'église de St. Barthélémy n'a jamais été un siège d'évêques et c'est pourquoi qu'elle n'est pas une cathédrale non plus, au sens étroit du mot. Grâce à la Goldene Bulle proclamée par l'empereur

Karl le IV en 1356, cette église est devenue lieu d'élection des rois allemands. De 1562 à 1792, elle était lieu de couronnement des Kaiser et c'est pourquoi le peuple lui a donné le nom de l'église impériale « Kaiser-dom ». La cathédrale contemporaine est déjà la cinquième église de pierre de suite construite à cet endroit. La plus ancienne est la chapelle de la cour royale mérovingienne, construite en 680 après JC. En 1239, l'église a été consacré à St. Bartélémy et reconstruite comme église gothique. En 1867, l'église a été incendiée et presque entièrement détruite. Deux ans plus tard, on a procédé à la reconstruction de cette église conformément à son prototype. En 1944, l'église a été bombardée. Elle a été reconstruite

pour la quatrième fois dans les années 1950 – 1953. La tour gothique de 95 mètres de haut a été finie après la dernière reconstruction de l'église. Ses 324 escaliers offrent une vue panoramique merveilleuse. Parmi les choses les plus intéressantes à visiter à l'intérieur, il faut énumérer le chœur qui date du XIVème siècle, l'autel Maria-Schlaf-Altar de 1434 à la Marienkapelle, chapelle de St. Marie, et la frise de St. Barthélémy du XVème siècle. L'ensemble de crucifixion peint par Hans Bockoffen en 1509, localisé dans la grande salle de la tour, est aussi très impressionnant. Il est considéré comme un chef-d'œuvre de renaissance. Aujourd'hui, dans le vestibule de l'église se trouve un musée avec un trésor de cathédrale. Parmi les pièces d'exposition les plus intéressantes, il faut mentionner des amulettes récupérées du tombeau d'une fille enterrée à l'époque mérvovingienne, découvert dans la nef centrale de la cathédrale.

City, Römerberg, tél. 069 2970320, U4-U5 Römerberg, heures d'ouverture : tous les jours de 14h – 18h, samedi – jeudi 9h – 12h, musée de cathédrale : mardi – vendredi : 10h – 17h, samedi – dimanche : 11h – 17h, ***www.dom-frankfurt.de***

ATTENTION

Suite à des travaux de rénovation menés à grande échelle,
la tour sera fermée aux touristes jusqu'à l'an 2008.

ATTENTION

La voie royale historique que prenaient des souverains pour se rendre de l'hôtel de ville à l'église de St. Barthélémy pour les cérémonies de couronnement, conduisait de la cathédrale vers l'ouest. A ce jour, cette voie conduit à coté du jardin archéologique où vous pouvez visiter des restes de constructions romaines, carolingiennes et médiévales et finalement, elle vous amène à la Römerberg. Le développement de la ville métropolitaine procédait à partir de la montagne de cathédrale.

RÖMERBERG

Si vous prenez la direction ouest et vous passez à coté de la « Steinernes Haus », maison citoyenne dans le style du gothique tardif du XV$^{-ème}$ siècle, vous arrivez très vite à la Römerberg. La « Gudd Stubb » de Francfort a toujours été au centre de l'histoire de cette ville et encore aujourd'hui, elle constitue une attraction incontestable pour les touristes du monde entier. C'est ici qu'on faisait la justice et le marché, organisé à cet endroit à partir le IX$^{-ème}$ siècle, s'est transformé au fil du temps en Foire de Francfort.

RÖMER

Le Römer ce n'est pas seulement un symbole de Francfort, il est aussi partie intégrante du plus connu hôtel de ville en Allemagne. Le 11 mars 1405, le Conseil de la ville de Francfort a acquis la construction de « Römer ». Au fils du temps, des maisons voisines ont été également achetées et annexées au premier bâtiment d'acquis. La Römer, première

maison d'achetée, a donné le nom à tout cet ensemble des bâtiments. D'ailleurs, ça fait déjà 600 ans qu'elle accueille des autorités administratives de ville. Dans les halles situées au sous-sol sont organisées les foires et les étages ont toute une infrastructure, p.ex. la Kaisersaal – salle impériale, pour accueillir des hommes d'affaires ou pour y organiser des cérémonies solennelles. Après la guerre, la façade de l'ensemble des bâtiments de Römer a été entièrement reconstruite de façon presque fidèle à l'original. L'ensemble est composé de trois maisons : Altlimpburg, Römer et celle de Löwenstein avec des pignons d'escaliers gothiques. A droite, il y a la Frauenstein et la Saltzhaus, décorées de mosaïques et de carreaux noirs dont la construction moderne a pour but de les faire associer aux anciennes maisons à colombage.

KAISERSAAL

Pour arriver à la Kaisersaal, salle impériale, il faut traverser la Limpburger Gasse et la Römerhöffchen, cour médiévale avec une fontaine d'Hercule et les tourelles d'escalier. La reconstruction de la grande salle dans le style de XVII-ème siècle fait penser à la magnificence de ce bâtiment historique. C'est ici qu'avaient lieu des élections et des banquets de couronnement. Dans la salle avec un balcon donnant sur la Römerberg se trouve la collection des tableaux de 52 rois et empereurs qui ont été couronnés à Francfort depuis 1562. Plus de 200 ans plus tard, il y a été couronné le deuxième et le dernier empereur Franz II. Heureusement, les portraits ont résisté à la guerre et ils ont été de nouveau accrochés aux murs dans les niches en pierre. Encore aujourd'hui, des invités spéciaux sont reçus sur le balcon donnant sur la Römerberg. Que ce soit à l'occasion de la victoire d'une équipe de sport nationale ou des succès sportifs d'un club local, c'est dans cette salle qu'on fait la fête.

City, Römerberg, U4/5 Römer, heures d'ouverture : tous les jour de 10h à 13h et de 14h à 17h.

ATTENTION

Au centre de la place qui descend légèrement vers l'ouest, se trouve la Fontaine de Justice. La Justice – sans bandeau qui est normalement obligatoire – a son regard fixé sur le Römer, hôtel de ville de Francfort.

OSTZEILE

Vis-à-vis du Römer se trouve l'Ost-zeile. Elle a été reconstruite conformément au modèle historique seulement entre 1980 et 1983 et c'est ainsi que la place a retrouvé son aspect d'origine. La façade est composée de six maisons à colombage bourgeoises. De nouveaux bâtiments sont construits de la façon similaire àcelle des modèles historiques et ils ont repris les mêmes noms que ceux derniers. En comptant de gauche à droite: Großer Engel, Goldener Greif, Wilder Man, Klein Dachsberg/Schlüssel, Großer Laubenberg et Kleiner Laubenberg. Dans le passé, de petites fenêtres apportaient littéralement de l'or à leurs propriétaires – à l'occasion des cérémonies de couronnement, les propriétaires des maisons qui formaient la façade, rendaient leur locaux accessibles aux spectateurs, ce qui était payant, bien évidemment, et ce qui constituait une source de leurs revenus remarquable.

ALTE NIKOLAIKIRCHE

Dans la partie sud de la Römerberg, s'élève l'Alte Nikolaikirche, construite dans le style du gothique précoce (début de travaux de construction au XI/XII-ème siècle). En 1290, l'église a été consacrée en tant que chapelle de la cour impériale. Au XV-ème siècle, après le déménagement du Conseil de la ville à la construction de Römer, elle était utlisée comme la chapelle du Conseil. A l'époque, le gardien

était obligé de communiquer de la tour les arrivées et les départs des bateaux au moyen d'une trompette. A ce jour, il y a un carillon de suspendu de 40 tons qui sonne tous les jours à 9.05h, 12.05h et à 17.05h pendant 5 minutes ; des fois, le mercredi à midi, on joue à la main pendant une heure. Il est particulièrement recommandé de visiter les sculptures gothiques en grès et, bien sûr, le tympanon «St. Nikolaus» ainsi que le tombeau du premier «bourgemestre» de la ville de Francfort, Siegfrid zum Paradise et de son épouse. Sur le mur d'est, se trouve une copie de Passion de Christ, présenté comme «un homme de douleurs», effectuée en grès rouge (l'original de 1370 se trouve au musée historique).

City, Römerberg, tél. 069 284235, U4/5 Römer, Heures d'ouverture : avril – septembre 10h 20h ; octobre – mars 10h – 18h, **www.alte-nikolaikirche.de**

ATTENTION

Si vous vous dirigez de la vieille Nikolaikirche vers le Main, à votre droite, vous pouvez visiter la maison Wertheym. Elle date de 1600 et c'est la seule maison à colombage de conservée.

ATTENTION

En été, à midi, la vieille Nikolaikirche vous offre une possibilité de vous détendre et d'oublier pour un moment le train-train quotidien. Ceci est possible grâce à une pause de 30 minutes prévue pour la méditation accompagnée de musique d'orgue.

PAULSKIRCHE

La rue Braubachstrasse sépare le Römer de la Paulusplatz sur laquelle se trouve
la Pauluskirche. C'est une église très importante qui prend une place spéciale
dans l'histoire d'Allemagne. Sa construction elliptique à formes classiques,
consacrée en 1833, est considérée comme un symbole de démocratie. C'est ici
qu'à partir du 18 mai 1848 délibéraient les 585 députés de l'Assemblée Nationale allemande. C'est aussi à cette église que le premier parlement de toute
l'Allemagne a élaboré des bases de première constitution démocratique de

l'empire. La Pauluskirche a été détruite en 1944 et reconstruite dans les
années 1947 – 1949. Aujourd'hui, à
la Pauluskirche sont organisées des
cérémonies de grande importance.
Chaque année, Deutscher Buch-
handel e.V., association des commerçants de livres allemands, est
le fondateur du Grand Prix pour la
Paix qui y est remis aux marchands
des livres allemands dans le cadre
de la Foire des Livres.

City, Paulusplatz, tél. 069 21238934, U4/5, Römer, heures d'ouverture : tous les jours de 10h à 17h

KARMELITERKLOSTER

Si vous prenez la Bethmannstrasse et la Münzgasse, vous arrivez en quelques
minutes à peine au monastère des carmélitains. Ce monastère médiéval de
Francfort, le seul à être conservé, date du XIII-ème siècle. L'église de Ste
Maria, localisée au centre de cet ensemble architectonique, sert aujourd'hui
de musée de la préhistoire. Dans le réfectoire et le vestibule, vous pouvez
admirer de grands cycles de tableaux de la période prébaroque, portant sur
l'histoire de l'ordre et de la sainteté. Ces tableaux datent de la période 1514 –
1521 et ils ont été peints par un peintre souabe Jörg Ratgeb.

City, Münzgasse, tél. 069 21238425, U1 – U5 Willy Brandt Platz, heures d'ouverture :
*lundi – vendredi 8.30h – 17h, samedi et dimanche 10h – 17h, **www.stadtgeschichte-ffm.de***

MAISON DE GOETHE

Pas très loin du monastère des carmélitains se trouvait à l'époque la maison de Goethe, fameux fils de Francfort. En 1733, la famille de Goethe a acquis deux maisons à colombage localisées prèd du Grosser Hirschgraben. Plus tard, elle ont été reconstruites et connectées. Ici, le 28 août 1749, est né Johann Wolfgang Goethe, prince de poésie. Il a passé toute son enfance dans cette maison et, en tant que jeune homme, il y a écrit dans sa chambre d'étudiant, ses premiers poèmes de renommée mondiale. P.ex. un vrai procès pénal qui a eu lieu à Francfort et qui a finit par une exécution, a inspiré Goethe à créer le personnage de Gretchen. En 1944, la maison natale de Goethe a été détruite suite à des bombardements. Les travaux de  reconstruction ont été entamés quelques années après la guerre suite à quoi la maison a été de nouveau ouverte aux touristes en 1951. Encore aujourd'hui, parmi les pièces constituant l'équipement de la maison vous pouvez trouver des pièces originales qui avaient appartenues à la famille de Goethe. A coté de la maison se trouve le musée de Goethe. Les écrits et les documents illustrés témoignent ici du grand poète et de son époque.

City, Grosser Hirschgraben 23-25, tél. 069 138800, U- u S-Bahn Hauptwache, heures d'ouverture : lundi – samedi 10h – 18h, dimanche et jours de fêtes 10h – 17h, www.goethehaus-frankfurt.de

HAUPTWACHE

La Hauptwache a été construite dans les années 1729/1730 et elle servait à la ville de Francfort de poste de police et de prison. Les prisonniers privilégiés étaient logés sous le toit et les criminels étaient mis dans les caves. Même Schinderhannes, chef des voleurs, a été mis en prison ici. En 1833, la construction s'est trouvée au centre des événements dramatiques – une insurrection politique a eu pour conséquence une attaque –

Echouée, en fait – à la Haupt- et Konstablerwache. Déjà en 1905, le caractère de cette construction a changé de façon significative : le séjour ici était considéré comme un pur plaisir – la Hauptwache a été transformée en un restaurant. Au centre de la ville, le Café Hauptwache est encore aujourd'hui l'un des lieux de rendez-vous préféré. De plus, la Hauptwache constitue un nœud central de transports en commun à Francfort.

Café Hauptwache City, An der Hauptwache 15, tél. 069 21998627, U – u S-Bahn Hauptwache, heures d'ouverture: lundi – samedi 18h – 24h.

BOURSE

La bourse se trouve près de la Hauptwache. Sa construction élevée dans les années 1874 – 1879 est souvent nommée dans le langage familier « la cathédrale des capitalistes ». Le bâtiment à coupole a été construit dans le style de la nouvelle renaissance. La façade en grès est divisée au milieu en deux parties par des colonnes doubles. Dans le nouveau bâtiment de la bourse localise dans le quartier de Hausen, on vend et aussi on achète sur le parquet les valeurs des plus grandes sociétés allemandes. Sur la place devant le bâtiment se trouvent deux figures en bronze : un toreau et un ours, sculptées par Reinhard Dachlauer (1985), symbolisant la hausse et la baisse de la bourse.

City, Börsenplatz, tél. 069 2111 1515, U – u S-Bahn Hauptwache, les visites de la gallerie après un préavis, www.deutsche-boerse.de

SUGGESTION

Juste à coté de la bourse se trouve la Eschenheimer Turm, tour de pierre. La porte de la tour de 47 m d'hauteur, localisée du coté nord de l'édifice , a été construite en 1428 et elle faisait partie de la muraille bâtie dans le style du gothique tardif. Dans le passage voûté de la tour se trouve aujourd'hui un café.

FRANKFURT

INSEPARABLEMENT

LIE

au Main.

Le Main réunit les gens de toute l'Europe. Ces deux fleuves d'origine, le Main Blanc et le Main Rouge, se réunissent aux alentours de Kulmbach en Bavière et finalement, après 541km, ils débouchent dans le Rhin aux alentours de Mayence. Le Main constitue, grâce au canal Rhin-Main-Danube, la connexion la plus importante entre la Mer du Nord et la Mer Noire. Déjà en 500 après JC, on a constaté que le Main constituait une plateforme de trafic idéale. Le Main serpente à travers la ville et c'est ainsi qu'il relie les quartiers Feschenheim à l'est et celui de Sindlingen à l'ouest. La longueur du fleuve sur le territoire de Francfort est égale à 27km.

Les premières colonies de Francs ont été créées sur la montagne de cathédrale et de monastère des carmélitains, car c'est à cet endroit que se trouvait le gué favorisant le trafic à travers la rivière. C'est justement ici que le niveau de l'eau a été particulièrement bas. En général, il était possible de traverser le Main grâce à 11 gués qui se trouvent sur le terrain de la ville contemporaine.

Il y avait-il un meilleur nom pour définir la localité « le Gué des Francs » ? Le « Francono Furt » a été officiellement mentionné par 794 par Karl der

Grosse. A présent, 19 ponts et passerelles enjambant le Main, ainsi que les bateaux-mouches romantiques, stationnants à Höchst, relient les parties nord et sud de la ville. Certains ponts sont utilisés seulement pour le trafic automobile, comme celui de Keiserleibrücke à l'est de la ville, ou seulement pour le trafic ferroviaire, comme le pont Main-Neckar-Brücke, par où les trains InterCityExpress arrivent à l'Hauptbahnhof.

Le Friedensbrücke, pont de la paix, à proximité de l'Hauptbahnhof, l'Alte Brücke, vieux pont, près de la Konstablerwache, ainsi que les ponts Ignatz-Bubis-Brücke et Flößerbrücke reliant les quartiers d'Ostend et Sachsenhausen, constituent les artères de communication les plus importantes dans la plus petite métropole du monde.

Les plus belles passerelles à Francfort : l'Eiserner Steg, Passerelle de fer, et l'Holbeinsteg, une passerelle moderne, se trouvent au centre de la ville et à une proximité directe du Römer. Les deux passerelles servent exclusivement à assurer le passage aux piétons et chacune d'elle a, bien sur, sa propre histoire.

L'Eiserner Steg a été construit en 1868/69 grâce à l'aide financière de la

bourgeoisie de Francfort. Sa construction à colombages en acier repose sur deux piliers plantés dans l'eau ; les escaliers d'entrée sont en grès. Au-dessous de l'escalier de Sachsenhäuser se trouve aujourd'hui un bar qui vous invite en été à vous y détendre, vous y reposer et passer votre temps de façon agréable. C'est de ce bar que la vue sur le gratte-ciel Hochhaus est particulièrement belle.

L'Holbeinsteg, construit en 1990 quelques centaines de mètres plus loin, a vite gagné la sympathie des habitants de Francfort. Le Freischwinger, un pont suspedu, réunit à la hauteur de l'ensemble de Nice, le rive de nord et le musée Städel, localisé du coté de Sachsenhäuser. A l'origine, cette construction n'avait pour but que d'assurer un passage de réserve pour la période de la rénovation profonde de l'Eiserner Steg. A ce jour, l'Holbeinsteg, le plus neuf de tous les ponts à Francfort, éclate de lumière à la nuit tombante.

Il y a de nombreuses histoires sur les ponts de Francfort, mais les vieux habitants de cette ville se souviennent le plus volontiers à celle des frères Grimm, à savoir : le constructeur de l'Alte Brücke s'est engagé à terminer son pont dans un délai bien déterminé. Au fil du temps, il s'est aperçu que cela ne serait possible, car il lui ne restaient que deux jours. A ce moment, il a vu un diable qui lui a promis de terminer le pont la nuit suivante, mais à condition que le constructeur lui laisse emporter le premier être vivant qui le traverse. Le contrat avait été conclu et le Pont de Francfort a été construit pendant la nuit. Tôt le matin, le constructeur est venu avec un coq et l'a fait traverser le pont. Le diable a été furieux. Et comme il s'est fait tromper de cette façon ridicule, il a furieusement

capté la volaille et l'a jetée au-delà du pont, suite à quoi deux trous se sont formés. Jusqu'à présent, le coq d'or constitue le symbole de l'Alte Brücke.

FRANCFORT ET SES PONTS VERS LE MONDE

La ville de Francfort est jumelée avec beaucoup d'autres villes à travers le monde entier, telles que Birmingham, Budapest, Deuil-La-Barre, Granada/Nicaragua, Guangzhou, Caire, Cracovie, Leipzig, Lyon, Mailand, Prague, Tel Aviv, Toronto.

LA RIVE
AUX MUSÉES
DE FRANCFORT

La rive du Main du coté Sachsenhäuser ressemble à un collier de perles : les musées s'ensuivent, l'un après l'autre et n'en finissent pas. A partir d es fouilles historiques jusqu'à de grands moments du cinéma, de la peinture médiévale jusqu'aux technologies de communication moderne – les musées offrent aux touristes un grand éventail de pièces d'exposition et des expositions spéciales qui se réfèrent aux siècles différents, ce qui satisfait aux exigences des visiteurs à l'âge et aux intérêts divers.

MUSEE DE L'ART APPLIQUE – MAK

Le MAK est divisé en six salles dans lesquelles se trouvent plus de 30 000 des pièces d'exposition des collections européennes, islamiques et de l'Asie d'est. On y retrouve également des pièces d'exposition relatives à l'art du livre, de l'écriture et du design. A part la nouvelle construction de Richard Maier, c'est aussi la villa Metzler, maison bourgeoise de Francfort du XIX-ème siècle, qui appartient au complexe de musées entouré d'un espace vert impressionnant.

Sachsenhausen, Schaumainkai 17, tél. 069 21234037, U1/2/3 Schweizer Platz,
heures d'ouverture : mardi, jeudi, vendredi, samedi et dimanche 10h – 17h, mercredi : 10h – 21h.
www.museumfuerangewandtekunst.frankfurt.de

Le restaurant « Emma Metzler » est une bonne adresse à Francfort et non seulement à cause de son caractère architectonique. En été avec une très belle terrasse.

MUSEE DES CULTURES DU MONDE

De cultures différentes témoignent le mieux de la diversité du genre humain. Ce musée communique sur des styles de vie étrangers avec le but de faire accepter ces dernières. Le contacte avec l'inconnu sensibilise. Les pièces d'exposition des artistes contemporains d'Afrique, Océanie, Asie sont présentées dans la galerie N° 37. Par contre, certaines pièces d'exposition peuvent être essayées et testées dans des ateliers multiculturels.

Sachsenhausen, Schaumainkai 29-37, tél. 069 21231510, U1/2/3 Schweizer Platz, heures d'ouverture : ma, je, ve, di 10h – 17h, me : 10h – 20h, sa 14h – 20h, www.mdw-frankfurt.de

MUSEE DU FILM ALLEMAND

Ce musée, ouvert au public en 1984, nous fait savoir comment ont été tourné de premiers films en Allemagne. Une exposition permanente qui occupe plusieurs étages, donne la possibilité de visiter de différents décors, des boîtes de regard, des moulages de masques, comme p.ex. celui du masque de Frankenstein et l'architecture des studios. On peut même essayer de différentes combines. De plus, dans ce musée on peut visiter les posthumes de Curd Jürgens et de Stanley Kubrick. A part cela, le musée organise des expositions spéciales, consacrées aux types de films bien définis et des conférences.

Sachsenhausen, Schaumainkai 41, tél. 069 21238830, U1/2/3 Schweizer Platz, heures d'ouverture :
ma, je, ve, 10h – 17h, me, di : 10h - 20h, sa 14h – 19h, ***www.deutsches-filmmuseum.de***

MUSEE DE L'ARCHITECTURE ALLEMANDE

Le développement de l'architecture mondiale constitue l'objet des collections de la villa double à Francfort-sur-le-Main. Les pièces d'exposition recueillies dans ce musée témoignent de l'histoire de la construction humaine et de la colonisation depuis l'âge de pierre jusqu'à l'époque contemporaine. Les expositions concernant des problèmes d'architecture quotidiens, ainsi que les questions des constructions régionales ou populaires, ouvrent toujours des nouveaux horizons aux visiteurs.

Sachsenhausen, Schaumainkai 43, tél. 069 21238884, U1/2/3 Schweizer Platz,
heures d'ouverture : mardi, dimanche 11h – 18h, mercredi : 11h – 20h, ***www.dam-online.de***

MUSEE DE LA COMMUNICATION

De vieilles carrosses de poste, des vélos jaunes, l'une des plus grandes collections des appareils téléphoniques au monde, les satellites de

Copernic et l'histoire des télécommunications du XIX$^{\text{-ème}}$ siècle, sont une source inépuisable d'informations qui peuvent insciter l'intérêt des visiteurs passionnés de communication. De plus, le musée organise des expositions d'oeuvres des artistes tels que, p.ex. Josef Beuys, consacrées à la communication.

Sachsenhausen,
Schaumainkai 53,
tél. 069 6060-0,
U1/2/3 Schweizer Platz,
lignes de tramwyas 15/16
Gartenstrasse,
heures d'ouverture :
ma, ve: 9h – 11h, sa et di: 11h – 19h, **www.museumsstiftung.de/frankfurt**

ATTENTION

Vu les manifestations et les propositions concernant le sujet de la « communication », ce musée est destiné particulièrement aux enfants. Le Café qui s'y trouve, est aussi très bien adapté à de plus jeunes visiteurs.

STÄDEL

La collection recueillie dans le bâtiment classique de l'Institut d'art de Städel englobe des oeuvres de vieux maîtres du classique moderne. Les oeuvres de Jan van Eyck, Auguste Renoir et Edouard Manet sont en exposition permanente, ainsi que ceux de Max Beckmann qui, de plus, a étudié à Städel. A cela s'ajoutent des expositions spéciales, comme, p.ex., « Rembrandt – Rembrandt – Schau ». A part le musée, il y a également une académie d'art Städel.

Sachsenhausen, Schaumainkai 63, tél. 069 6050980,
U1/2/3 Schweizer Platz, lignes de tramwyas 15/16 Otto-Hahn-Platz,
heures d'ouverture : ma, ve, di 10 – 19h, me et je : 10h – 21h
www.staedelmuseum.de

LIEBIEGHAUS MUSEE DE LA SCULPTURE ANTIQUE

La villa maître entourée d'un parc splendide est visible déja de loin grâce à sa tour d'horloge qui domine les cimes des castagners. Dans le musée de la sculpture antique se trouvent des collections de statues d'origine égyptienne, grecque ou romaine. A cela s'ajoute une collection imposante de pièces d'exposition de Moyen-Age.

Sachsenhausen, Schaumainkai 71, tél. 06921238615, U1/2/3 Schweizer Platz,
lignes de tramwyas 15/16 Otto-Hahn-Platz,
*heures d'ouverture : ma, di 10 – 17h, me : 10h – 20h, **www.liebieghaus.de***

SUGGESTION

Le Café Liebieghaus invite les visiteurs à y
prendre du gâteau fait maison et en été,
à se réposer à l'ombre des castaniers.

MUSEE GIERSCH

Le musée Girsch, localisé dans une villa néoclassique, est le lieu des expositions d'œuvres d'art de la région de Rhin-Main, ce qui est une occasion idéale pour faire connaissance de l'activité artistique locale.

Sachsenhausen, Schaumainkai 83, tél. 069 633304128, U1/2/3 Schweizer Platz,
lignes de tramwyas 15/16 Otto-Hahn-Platz, heures d'ouverture : mardi, vendredi 12 – 19h,
*samedi, dimanche : 11h - 17h, **www.museum-giersch.de***

MUSEES DANS LA CITY

De l'autre coté du Main, il y a encore une multitude de pièces d'exposition à voir autres que celles présentées dans les musées localisés à la rive aux musées. Ça vaut la peine de visiter les trouvailles romaines, aussi bien que les squelettes des sauriens, les œuvres de l'art moderne ou l'iconographie de l'Europe d'est.

MUSEE ARCHEOLOGIQUE DE FRANCFORT

Dans les années 70, lors de la construction d'un garage souterrain à la Römerberg, on a découvert des vestiges d'une colonie romaine fondée il y a des siècles. La place de Römerberg au centre de la ville et l'ancienne ville romaine Nidda-Heddernheim sont des endroits très riches en vestiges préhistoriques, aujourd'hui exposés aux touristes dans l'ancienne église des carmélitains. Dans le musée archéologique de Francfort, il y a des expositions sur l'archéologie préhistorique, romaine, médiévale et contemporaine de Francfort et de ses alentours.

*City, Karmelitergasse 1, tél. 069 21235896, U 1/2/3 Willy-Brandt-Platz, heures d'ouverture : mardi – dimanche 10h – 17h, mercredi 10h – 20h, **www.archaeologisches-museum.frankfurt.de***

MUSEE DU DIALOGUE

Une exposition où il n'y a rien à visiter, surprend des visiteurs de ce musée qui a été ouvert au public à la fin de 2005. Le parcours « Dialogue dans l'obscurité » donne aux visiteurs une possibilité d'entrer dans le monde de « ne rien voir » et de connaître le monde consciemment au moyen de sens autres que la vue. Egal, si vous vous trouvez dans la salle avec une imitation d'un parc fleuri, sur le sol de sable inégal, vous êtes assis sur une banquette et vous avez devant vous une passerelle en bois ou vous retrouvez soudainement l'ambiance du centre de la ville – de partout il y a quelque chose à écouter, sentir, renifler et à déguster.

Ostend, Hanauer Landstrasse 137-145, tél. 0700 44556000, Ligne de tramway 11 Osthafenplatz,
Heures d'ouverture : mardi-vendredi 9 h – 17 h, samedi et dimanche 11 h – 19 h,
www.dialogmuseum.de

ATTENTION
La visite du musée est possible seulement en compagnie d'un guide aveugle ;
La durée du tour est d'environ de 1 heure. Bookingline : tél. 0700 44556000.

SUGGESTION
Le mercredi et le vendredi, il y a une possibilité d'aller manger au restaurant de musée ouvert à partir de 19h, dans lequel les serveurs aveugles servent un menu surprise sous le moto « Taste and Darkness ». Réservation des places obligatoire. Bookingline : tél. 0700 44556000

EXPLORAMUSEUM

Ce musée, localisée dans le bunker de Glauburg datant de la seconde guerre mondiale, invite les touristes à expérimenter avec la science et la technique. Les illusions optiques, l'holographie, les stéréogrammes 3d et l'art stéréo 3d ne constituent qu'une partie de collection. Des œuvres d'art interactifs permettent de tester le fonctionnement des phénomènes techniques tel comme, p.ex., le son.

Nordend, Glauburgplatz 1, tél. 069 788888, U5 Glauburgstrasse,
*heures d'ouverture : mardi-dimanche 11h – 18h, **www.exploramuseum.de***

MUSEE DE L'ARGENT

Cette métropole européenne de l'argent ne peut manquer de musée de l'argent. Le musée de la Deutsche Bank présente lors de ses expositions multi-médiales l'histoire et le fonctionnement de la monnaie d'échange utilisée à travers le monde. Ici, on peut s'informer sur les missions des banques centrales, ainsi que sur l'importance d'une monnaie stable.

Les visiteurs ont la possibilité de simuler des opérations financières et d'observer ainsi que se passe-t-il et quels sont les résultats économiques des actions qu'ils avaient entreprises. Le musée possède une belle collection de moyens d'échange utilisés avant qu'on ait inventé de l'argent, de billets de banque et tout un ensemble de la fosse monnaie.

*Ginnheim, Wilhelm-Epstein-Strasse 14, tél. 069 95663073, U1/2/3 Dornbusch, heures d'ouverture : lundi, mardi, jeudi, vendredi, dimanche 10h – 17h, mercredi 10h – 21h, **www.geldmuseum.de***

ATTENTION

L'entrée est libre. En ce qui concerne des sujets tels que « la stabilité des prix » ou « l'union de la monnaie européenne », on y peut faire tester ses compétences. Pour les adultes et les enfants, on organise des jeux de monnaie et de billets de banque.

MUSEE D'HEINRICH HOFFMANN

« Non, je ne veux pas ma soupe … » - qui ne connaît pas ces histoires, les histoires de Pierre l'Ebouriffé (Struwwelpeter), celles de Caspar de la soupe (Suppen-Gaspar) ou bien les histoires de Robert volant (der fliegende Robert). Heinrich Hoffmann, médecin, a écrit au début du XIX[-ème] siècle un ensemble d'histoires imagées sous forme d'un manuel d'éducation. Le musée de Heinrich Hoffmann a été ouvert au public en 1987 et il s'y trouvent des éditions originales qui documentent l'influence et l'histoire de ce manuel classique destiné aux enfants, publié en 1845, ainsi que ses traductions vers les langues exotiques telles que l'africain ou le chinois.

*Westend, Schubertstrasse 20, tél. 069 747969, U6/7 Westend, sortie Arndtstrasse, heures d'ouverture : mardi – dimanche 10-17h, **www.struwwelpeter-haus.de***

SUGGESTION

Tout en s'amusant, les enfants apprennent ici des choses nouvelles sur les héros.

MUSEE HISTORIQUE DE FRANCFORT

Les frères Teuner s'efforçaient jusqu'à leur mort au milieu du XX-ème siècle, pour reconstruire la ville de Francfort, complètement détruite lors de la seconde guerre mondiale. Leur maquette de la veille ville constitue la pièce maîtresse du musée qui témoigne de l'importance de Francfort lors des expositions, sur des photos et dans les films. Du point de vue historique, Francfort - siège des rois allemands depuis 1356, joue un rôle clé.

*City, Saalgasse 19, tél. 069 21235599, U4/5, Römer, heures d'ouverture : mardi, jeudi – dimanche 10-17h, mercredi 10-20h, **www.historisches-museum.frankfurt.de***

ATTENTION

Dans le Caricurata il y a une possibilité de voir des œuvres des plus importants caricaturistes, en particulier de ceux de la « nouvelle école de Francfort ». De plus, des offres spéciales pour les enfants.

STRUWWELPETER

MUSEE DES ICONES

Dans la maison historique de l'ordre allemand il y a une collection de plus de 1000 icônes, symboles religieux de l'est. Il y a quelques décennies, Jörg Schmidt-Voigt, médecin de Königstein, a offert au musée environ 800 icônes, dont la plupart date du XIX-ème siècle. La collection de ces tableaux de couleurs peints sur des plaques de bois a été complétée par des achats supplémentaires de pièces de métalloplastique, de croix de bénédiction et d'équipements d'église.

*Sachsenhausen, Brückenstrasse 3-7, tél. 069 21236262, bus 30/36 station d'arrêt Elisabethenstrasse, heures d'ouverture: ma, je – di 10-17h, me 10-20h, **www.ikonenmuseum.frankfurt.de***

MUSEE JUIF

A Francfort, la cohabitation des Juifs et des Allemands a toujours été quelque chose d'évident. De grands mécènes de la ville, comme p.ex. la famille de Bethmann ou celle de Rotschild, étaient juifs. Depuis 1989, on organise dans l'ancien palais des Rotschild sur le Main des expositions sur l'histoire des Juifs de Francfort. Les expositions donnent un aperçu sur la culture juive en Allemagne depuis le Moyen-âge jusqu'aux temps contemporains et laisse les visiteurs recueillir des informations sur la pratique religieuse juive à la synagogue et à la maison. Des expositions temporaires portent sur des sujets bien particuliers.

City, Untermainkai 14-15, tél. 069 21235000, U1/2/3, Willy-Brandt-Platz,
*heures d'ouverture : mardi - dimanche 10-17h, mercredi 10-20h, **www.juedischesmuseum.de***

ATTENTION

Marcel Reich – Ranicki, critique littéraire fameux de Frankfurter Allgemeine Zeitung et une vraie institution d'évaluation de la littérature, a laissé en héritage au Musée judaïque sa collection des portraits d'écrivains. Parmi les portraits, il faut énumérer ceux de Theodor Lafontane et Thomas Mann, peints par Max Liebermann.

MUSEE JUDENGASSE

Ce lieu historique, localisé sur les fondations de l'ancienne Judengasse, donne un aperçu sur plus de 300 ans d'histoire des ghettos juifs. Des expositions tout au tour des ruines fournissent des informations sur la vie quotidienne aux foyers et sur l'histoire de la Börneplatz voisine.

City, Kurt-Schumacher-Strasse 10, tél. 069 2977419, U-u S-Bahn Konstablerwache, heures
*d'ouverture : mardi – dimanche : 10-17h, mercredi 10-20h, **www.juedischesmuseum.de***

ATTENTION

La place Der Neue Börnerplatz et l'ancien cimetière juif der Alte Jüdische Friedhof sont les endroits de commémoration des Juifs de Francfort déportés et assassinés par des nazi socialistes. Plus de 11 000 des blocs insérés dans le mur entourant le cimetière témoignent de leurs noms.

LIEU DE RENCONTRE DE LA JEUNEUSSE ANNE FRANK

Le journal d'Anne Frank, connu à travers le monde entier, constitue la pièce d'exposition la plus importante à visiter dans ce musée. Le journal a été rédigé par la citoyenne de Francfort durant la période où elle vivait en cachette dans une maison à Amsterdam après avoir fui les nazis. Les citations du journal accompagnent les touristes lors de la visite de l'exposition. Les projections des films, des histoires enregistrées sur des bandes d'enregistrement et des terminaux de CD-ROMs permettent de prendre connaissance de cette histoire en éveillant tous les sens.

NEUER BÖRNEPLATZ

Dornbusch, Hansaallee 150,
tél. 069 5600020, U1/2/3 Dornbusch,
heures d'ouverture : ve – di 14-18h,
www.ein-maedchen-aus-
deutschland.de

ATTENTION

Le lieu de rencontre de la jeunesse est à comprendre comme un lieu de d'apprentissage communicatif qui encourage l'interactivité. Les visiteurs peuvent décider eux-mêmes sur quel sujet veulent-ils en savoir plus.

MUSEE D'ART MODERNE – MMK

L'une des constructions qui incite le plus d'intérêt est le bâtiment post-moderne du musée de l'art moderne, complètement privé de fioritures, érigé par l'architecte de Vienne Hans Hollein. Ouvert au public en 1991, le MMK ayant forme d'un morceau de tort, se trouve sur un îlot entre les deux rues du centre-ville. Au début des années 80, la ville de Francfort a récupéré une partie de collection de Karl Ströher, entrepreneur de Darmstadt. Depuis les années 60, il avait recueilli en Amérique et en Europe non seulement des œuvres d'art particuliers, mais aussi toutes les collections des œuvres de certains artistes. Ainsi, des œuvres de pop art sont devenus la propriété du musée. Dans le MMK, on peut admirer des œuvres d'art d'Andy Warhol, Dan Flavin, Carl Andre, Francis Bacon, Norbert Watts et de Joseph Beuys. Des œuvres d'art contemporain se placent dans la hiérarchie d'importance juste derrière les œuvres mentionnés ci-dessus.

City, Domstrasse 10, tél. 069 21230447, U4/5, Römer,
*heures d'ouverture : mardi, jeudi – dimanche 10-17h, mercredi 10-20h, **www.mmk-frankfurt.de***

ATTENTION

Entrée libre le dernier samedi du mois. Des visites publiques focalisées sur un sujet particulier, en principe mardi, jeudi – samedi à 15.15h, Mercredi à 11h et à 18h, dimanche à 11h.

SUGGESTION

Le restaurant « Triangolo », localisé dans le bâtiment de MMK, offre des plats de la cuisine italienne à tous ceux qui ont une petite faim ou qui ont envie d'y prendre un plat bien copieux.

SCHIRN KUNSTHALLE

La Schirn a déjà connu plus de 130 expositions parmi lesquelles il faut mentionner des expositions très complexes sur le style de la jeunesse de

Vienne, l'expressionnisme, le dada, le surréalisme, sur l'histoire de la photographie ou une rétrospective sur Wassily Kandinsky, Frida Kahlo et Ives Klein. A l'origine « Schirn » signifiait un étal. Jusqu'au XIX-ème siècle, près de la « Schern » se trouvaient des étaux de charcutiers de Francfort. Une des passions du directeur de la Schirn est de présenter de la même perspective des sujets brûlants et la création artistique. En vu d'atteindre cet objectif, il continue à organiser des expositions focalisées sur des sujets bien particuliers.

Römerberg, tél. 069 2998820, U4/5 Römer,
heures d'ouverture: mardi, vendredi – dimanche 10-19h, mercredi 10-22h, **www.schirn.de**

MUSEE DE SENCKENBERG

En fait, c'est Johann Wolfgang Goethe, prince de la poésie et chercheur de la nature qui est venu à l'idée de fonder un musée d'histoire naturelle, mais en fait, c'est Johann Christian Senckenberg, médecin, qui à mise cette idée en œuvre. Aujourd'hui, le musée Senckenberg est le plus grand musée d'histoire naturelle en Allemagne et ses collections témoignent de l'histoire de la vie, de l'évolution des êtres vivants et de la métamorphose de la Terre.

Les reconstructions des squelettes d'énormes sauriens tels que Tyrannosaurus Rex ou Triceratops, valent la peine d'être visités, ainsi que les fossiles de la tranchée de Messel. De plus, il y a toute une collection des animaux empaillés qui témoignent de la diversité des espèces.

*Bockenheim, Senckenberganlage 25, tél. 069 75420 U4/6/7 Bockenheimer Warte, heures d'ouverture : lu, ma, je, ve 9-17h, me 9-20h, sa et di 9-18h, **www.senckenberg.de***

ATTENTION

Entrée libre pour les enfants au-dessous de 5 ans et pour les citoyens des villes jumelées telles que Birmingham, Budapest, Deuil-La-Barre, Granada au Nicaragua, Guangzhou, Caire, Cracovie, Leipzig, Lyon, Mailand, Prague, Tel Aviv et Toronto.

SUGGESTION

Le bistro dans le bâtiment du musée Senckenberg offre une possibilité de se reposer, non seulement pendant les heures d'ouverture, mais aussi sur la terrasse, ouverte en été. Le bistro organise les fêtes d'anniversaires pour les enfants, accompagnées de visites guidées du musée. Réservation obligatoire.

ARCHITECTURE
ET
CONTRASTES

Avant la seconde guerre mondiale, la vieille ville de Francfort était l'une des plus belles en Allemagne. Malheureusement, suite à des bombardements, elle a été complètement détruite, pareil comme une grande partie de la ville. Après la guerre, Francfort a bien profité de l'opportunité de tout recommencer et de tout reconstruire. Sa skyline la plus moderne en Allemagne en constitue une preuve palpable et incontestable. C'est à cause d'elle que la ville est appelée aussi le Mainhattan et qu'elle est considérée comme la ville la plus américaine en Allemagne.

SAALGASSE

A Francfort, seulement un petit nombre de bâtiments ont été reconstruits conformément à leurs modèles historiques. Les autres, construits au fil des années, ne présentaient aucune valeur architectonique remarquable. La rue de Saalgasse constitue un exemple de possibilités que l'offre l'architecture moderne dans le domaine de la mise en relief des éléments de styles des édifices érigés dans le passé. A partir du Weckmarkt près de la Cathédrale jusqu'à la maison « Zum schwarzen Stern » près de la Römerberg, la rangée des maisons unit des éléments de construction typiques pour le passé et ceux propres au style architectonique contemporain.

City, Saalgasse, U4/5 Römer

HAUPTBAHNHOF

Celui qui arrive dans la ville des foires en train, devrait prendre son temps et visiter le bâtiment d'Hauptbahnhof, gare centrale. Au moment de sa construction en 1888, l'Hauptbahnhof (à l'époque « Centralbahnhof ») était la plus grande station des trains sur le continent européen. Le bâtiment de la gare construit en grès jaune, érigé dans le style la Nouvelle renaissance, avait été conçu comme une salle à trois nefs avec de la place pour 18 voies de train. Dans les années 1912-1924, le Hauptbahnhof a été agrandi, ce qui a permit de préparer de la place pour des vois de train supplémentaires. De nouvelles parties du bâtiment ont été construites dans le style

néoclassique. Il y a quelques ans, toute la construction du toit a été complètement rénovée de façon la plus fidèle possible et aujourd'hui, son aspect splendide attire de nouveaux des regards curieux des milliers de touristes.

La gare centrale de Francfort est toujours la plus importante plateforme du trafic ferroviaire en Allemagne. Le trafic des passagers se chiffre à 350 000 personnes par jour, donc deux fois plus par rapport à l'aéroport. La superficie occupée par la galerie marchande est de 9 000m2. Des restaurants, des bars et des boutiques à l'Hauptbahnhof ouvrent tôt le matin et ferment tard le soir.

Avant de sortir du bâtiment, ça vaut la peine de se retourner et de jeter un coup d'oeil sur l'ensemble de l'Atlas de Gustav Herold, posé à l'entrée principale. Atlas soulève le globe terrestre, appuyé sur la vapeur et l'électricité.

ATTENTION

Ça vaut la peine de prendre la rue Keiserstrasse ou celle de Weg zu Fuss et d'aller vers le centre de la ville. Bien que les rues voisines fassent partie du quartier rouge, il est intéressant de visiter la Keiserstrasse qui s'est endimanchée ces dernières années et ressemble de nouveau à la rue splendide d'autrefois. Dans le passé, c'était une des plus importantes artères de communication à Francfort.

City, Keiserstrasse, U – u lignes de tramway Hauptbahnhof

MESSETURM

Pas très loin de la gare : le terrain de foire et la Messturm, tour de foire. Au moment de sa construction en 1990, cette tour de 256,5m d'hauteur était la plus haute construction de ce type en Europe. Depuis, elle constitue un symbole de ville bien visible. Environ 3 500 ouvriers travaillaient sur le chantier pour réaliser le projet de l'architecte Helmut Jahn. La Messeturm a été construite dans le style Art Deco en marbre rose et en verre. Sa pointe très caractéristique fait que la tour ressemble à un crayon. La tour n'est pas ouverte au public pour des raisons de sécurité.

Westend, Ludwig-Erhart-Anlage, U4 u. lignes de tramway 16 et 17 Messe

MESSEGELÄNDE – TERRAINS DE FOIRE

Les terrains de foire, ouverts au public seulement lors des foires, qui sont d'ailleurs très nombreuses, ont été restructurés au fil de ces 20 dernières années. A part la Tour de la foire, le Torhaus conçu par O.M. Unger et construit en 1983, est l'une des constructions les plus marquantes sur ces terrains et il symbolise l'ouverture de la foire vers le monde. Aussi la nouvelle halle N° 3, couverte de plus grand toit en Europe, constitue encore un autre symbole de Francfort. Les terrains de la foire sont ultramodernes et pourtant, la Festhalle de F.V. Tiersch, la plus vieille construction sur les terrains en question, y a été très bien intégrée. Aujourd'hui, c'est dans cette halle qu'on donne des concerts et qu'on organise de grandes fêtes.

HAMMERING MAN

Aux pieds de la Messeturm se trouve le Hammering Man de Jonathan Borofsky (1991). C'est une des sculptures les plus connues dans la ville de Francfort. La silhouette de Hammering Man démesurée en métal ressort bien sur le fond des gratte-ciels. Toujours en mouvement et occupé – comme la ville elle-même.

COMMERZBANK

Le gratte-ciel de la Commerzbank, banque de commerce, de 259m d' hauteur, conçu par Sir Norman Foster en 1997, a pris la place de la Messeturm est il devenu le plus haut immeuble administratif en Europe. Si on calcule sa hauteur avec le poteau d'antennes, cette dernière se chiffre même à 299m. Derrière la façade de verre, il y a neuf jardins, y compris un qui a été aménagé à la hauteur de 144m. Le bâtiment a été conçu de façon à consommer peu d'énergie, suite à quoi il est le premier gratte-ciel écologique de construit à l'échelle mondiale. La Tower de la Banque de commerce n'est pas non plus accessible au public.

City, Keiserplatz, U4/5 Willy-Brandt-Platz,
www.forsterandpartners.com, www.commerzbank.de

> **SUGGESTION**
>
> Découvrir la skyline d'une autre manière. Une excursion sur le Main en bateau-mouche vous offre une possibilité de prendre votre temps et d'admirer les silhouettes des gratte-ciels d'une autre perspective. Point de départ des bateaux-mouches : Mainkai, près de l'Eiserner Steg. De plus, ça vaut la peine de visiter à cette occasion la rive aux musées du coté de Sachsenhäuser. Là-bas, il est recommandé de visiter le musée de l'art appliqué qui se trouve sur la route vers le musée de l'architecture.

City, Mainkai 36, tél. 069 1338370, U4/5 Römer, **www.primus-linie.de**

MAIN TOWER

L'architecture de ce bâtiment de 200m d'hauteur séduit par ses formes simples réduites aux cercles et aux carrés. Qu'est-ce qui fait que la Main Tower est devenue une attraction et une curiosité de la ville : à savoir, à l'encontre des autres gratte-ciels à Francfort, elle est ouverte au public. Le plus rapide ascenseur en Allemagne transporte les touristes jusqu'au 54-ème étage d'où il peuvent admirer le panorama fantastique de la ville et de la région de Rhin-Main.

City, Neue Mainzer Strasse 52-58, tél. 069 36504740, S-Bahn 1-9 Taunusanlage,
heures d'ouverture de la plateforme de vue : dimanche – jeudi 10-19h, vendredi – samedi 10-21h,
prix : régulaire – 4.50 Euros /personne, à tarif réduit : 3 Euros, billet de famille : 12 Euro,
www.maintower.de

SUGGESTION

Tout en haut de la tour, à 200m d'hauteur, il y a le

restaurant Maintower où ou peut manger, tout en

contemplant le panorama de la ville et de ses alentours.

Tél. 069 36504777, www.maintower-restaurant.de,

heures d'ouverture : ma-je 18-1h, ve et sa 18-2h

EUROPATURM

Avec ses 331m d'hauteur, l'Europaturm, tour d'Europe, domine toutes les autres tours contruits sur le terrain de la ville. Dans le langage familier, les habitants de Francfort la nomment « l'Asperge de Ginnheim ». Cette

tour n'est pas seulement l'une des plus hautes tours de télécommunication, mais elle est aussi bien connue à cause de son diamètre de 32 mètres, le plus large jusqu'à nos jours. La tour était ouverte au public jusqu'à l'an 2000, mais depuis, elle est fermée.

Ginnheim, Wilhelm-Eppstein-Strasse, Bus 34 Europaturm

MAIN PLAZA

Le bâtiment de Main Plaza a été construit dans le style de New York des années 30 et il témoigne de la mode de construire des habitations directement sur la rive du Main du coté de Sachsenhäuser. Les appartements et les suites sont habités par les personnes qui aiment s'entourer de luxe.

Sachsenhausen, Walther-von-Cronberg-Platz 1, tél. 069 664010,
*ligne de tramway 14, Frankensteiner Platz, **www.main-plaza.com***

ATTENTION

Ca vaut la peine de faire un tour autour de la place de Walther-von-Cronberg-Platz, l'ancien

terrain des abattoirs. Plusieurs ensembles d'habitations ont été construits ici sous le motto «

habiter au bord du fleuve » et de nouveaux bâtiments sont toujours en construction.

WESTHAFEN

Grâce au projet « Westhafen» (port d'ouest), un nouveau quartier est construit dans un endroit tout particulier. Le moto : « habitations de luxe

au sein de l'architecture urbaine, directement au bord du fleuve ». Un port de yachts, des escales de voiliers privées – ici, il y a des choses de luxe pour tous ceux qui peuvent se le permettre. La Westhafen Tower, ouverte en 2003, constitue un point de repère de ce quartier que l'on appelle dans le langage familier « Apfelweinglas - un ver de vin de pommes » ou « Geripptes » (un nom pour désigner un ver de vin de pommes). Cet immeubel administratif de 99m de hauteur fait partie d'un ensemble de bâtiments composé de trois constructions, à savoir : la Westhafen Tower elle-même, la construction basse de Brückengebäude et le triangle de la maison de Westhafen.

Westhafen, Westhafenplatz, Lignes de tramway 10, 12, 15, 16, 21, Baseler Platz, **www.westhafen.de**

RIDEAU :
MUSIQUE, THEATRE
ET PLUS

La divérsité des théâtres à Francfort attire l'attention. Le Grand théatre lyrique, des concerts avec la participations des vedettes internationales, des pièces de théâtre bien jouées, des théâtres expérimentaux, le ballet et le cabaret. A chaqun quelque chose d'intéressant.

OPERA DE FRANCFORT

Ces dernières années, le magazine spécialisé « Opernwelt » a nommé à plusieurs reprises l'Opéra de Francfort « l'opéra de l'année », ce qui est égal au Grand Prix dans le domaine. A part les airs d'opéras classiques de Verdi, Puccini et Wagner, le répertoire englobe aussi les raretés telles que Benjamin Brittens « Death in Venice » sur la base de la nouvelle de Thomas Mann « La mort à Venise » et des pièces de théatr lyrique contemporain (en 2006, année de Mozart, de nombreux oeuvrages ont été présentés en vue de rendre des hommages à ce compositeur). Depuis des années, il n'est plus pensable de se passer de « Zauberflöte ». De plus, dans le répertoire il y a des soirées de chanson, des concerts de musique de chambre et des conversations d'opéra pendans lesquelles sont présentés les membres des ensembles ou l es spectateurs.

City, Untermainanlage 11, tél. 069 21237999, U1/2/3 Willy-Brandt-Platz,
www.oper-frankfurt.de

THEATRE PAPAGENO

Pour les enfants qui s'intéressent à la musique, le théâtre Papageno, localisé au Palmengarten, près de Bootsweiher, présente un offre spécial. Les petits spectateurs sont toujours ravis de regarder « le Zauberflöte » ou « la petite sorcière », animés de musique. Par contre, le répertoire pour les adultes englobe, p.ex. la comédie de Willy Bilders « Manche mögen's heiß » ou, entre autres, des adaptations de Rigoletto. Le « membran-opernhaus » est prévu pour environ 200 spectateurs et il est, grâce à son architecture et sa localisation exceptionnelle, une véritable curiosité de la ville.

Westend, Palmengarten, Siesmayerstrasse 63, Tél. 069 515038, U6/7, Westend,
www.papageno-theater.de

KAMMEROPER

Sans avoir de scène fixe, le petit ensemble sympathique de la Kammeroper se produit en tournées et amuse le public de la métropole sur le Main avec ses mises en scènes peu conventionnelles et les décors changeants. C'est en vain qu'on cherche de la rigidité ou des éléments tragiques dans le « Barbier von Sevilla » ou « Cosi fan tutte » ou autres mises en scène psycho-logico-humoristiques. Etant donné que les représentations ont lieu au Palmengarten, elles sont d'autant plus attrayantes.

Bureau : City, Sternstrasse 31, Karten-tel. 069 1340400, U1-5 Willy-Brandt-Platz,
www.kammeroper-frankfurt.de

ALTE OPER

Ce plus beau palais de la culture en Europe doit son existence aux citoyens de Francfort. Conçu à la fin du XIXème siècle par Richard Lucae, ce bâtiment construit dans le style du classicisme tardif, est décoré de moto « Dem

Wahren, Schönen, Guten ». Après la seconde guerre mondiale, il n'en est resté rien de ce bâtiment, sauf la façade. Pendant une période de trente ans, cet édifice a été caché derrière une clôture de chantier, et après, il a failli être démoli. Afin de l'éviter, les citoyens de Francfort avaient fait des économies et en 1981, on a commencé la reconstruction du vieil opéra conformément à son prototype. Depuis, le bâtiment du vieil opéra est un lieu de concerts et de congrès internationaux, ainsi qu'un temple de shows et un endroit où sont organisés des bals d'opéra.

Sur la place devant l'Alte Oper on peut flâner, mais à condition que la place ne serve justement de scène aux artistes. Le motto « Voir et se faire voir » règne dans des cafés et des restaurants tout autour d'Alte Oper et une fontaine jaillissante refroidit des pieds fatigués des touristes.

City, Opernplatz 1, tél. 069 13400, U6/7 Alte Oper, **www.alteoper.de**

SUGGESTION

Dans le vestibule, le Café Rosso vous invite à y prendre votre petit déjeuner ou à lire des magazines dans une ambiance de café.

Le soir, le Café offre des gâteaux faits maison. Heures d'ouverture : en été de 10h jusqu'à la fin du concert, en hiver de 11.30h jusqu'à la fin du concert. Par contre, le Restaurant Opéra, situé à l'étage, est beaucoup plus élégant. Au Vieux Foyer, le team de Gerd Käfer sert les plats pour les connaisseurs. Dans la haute saison, on peut s'asseoir sur le balcon avec une belle vue sur la place de l'Opéra et la skyline de Francfort et admirer le panorama dans une ambiance de relaxe et de comfort. Heures d'ouverture : lundi – samedi 15-15h et 17.30h à 1h, dimanche – brunch à partir de 11h, réservation des tables sous le n° de tél. 0691340215, www.opera-restauration.de

FORSYTHE-COMPANY

Des mises en scène supprimées, des chorégraphies modernes, un style
inconfondable de l'américain William Forsythe, directeur de ballet – grâce à
tout cela, le ballet de
Francfort est devenu con-
nu à l'échelle mondiale.
Après la fermeture du
Ballet de Francfor en
2004, William Forsythe
a créé son propre ensem-
ble, « The Forsythe Com-
pany » qui a commencé
son activité en janvier

2005 et elle continue les travaux du Ballet de Francfort. Les éléments tels que
le jeu du mouvement, du son, du temps, de la lumière et de l'espace sont
toujours interprétés par la troupe d'une façon différente. La Company donne
des tournées à travers le monde entier et pourtant, une vieille salle de trains
de Bockenheimer Depot est devenue son domicile où elle se produit régulièrement en scène à Francfort. D'habitude, la vente des billets commence deux
mois avant la date de représentation prévue.

Bockenheim, Carlo-Schmid-Platz 1, tél. 069 21237586, U4/6/7 Bockenheimer Warte,
www.theforsythecompany.de

SCHAUSPIEL FRANKFURT

Débauchée de Münich, Elisabeth Schweeger, directrice des pièces de théâtre,
depuis quelques années, elle met l'accent sur ses propres productions originales qui sont présentées sur des scènes de Francfort. « Le théâtre n'est pas
fait seulement dans des tours d'ivoire » - c'est sous ce motto qu'elle veut
provoquer et faire du théâtre qui déclencherait de vives discussions. Pour l'une
des productions, elle est allée chercher Christoph Schlingensief, enfant terrible
du théâtre sur le Main, confronté aux points de vue d'Elfriede Jelinek et les

drames de Werner Schwab. Aussi les classiques tels que Goethe, Schiller ou Büchner, doivent prouver, à chaque fois de nouveau, leurs caractères spécifiques.

City, Willy-Brandt-Platz, tél. 069 1340400, U1-U5 Willy-Brandt-Platz, Kleines Haus, Neue Mainzer Strasse 17 Ecke Hofstrasse **www.schauspielfrankfurt.de**

SCHMIDT-STRASSE 12

Des régisseurs toujours plus jeunes, des productions toujours plus courtes et plus rapides, ce sont seulement quelques éléments spécifiques à la scène de l'expérimentation de spectacle. Une halle industrielle sur la rive d'ouest de la ville est lieu de l'activité de la Dépendance des Schauspiels. Le détachement fait partie du style, des gags et des intermèdes ont pour l'objectif d'amuser le public peu expérimenté. Des régisseurs tels que Aki Kurismäki ou des classiques modernes comme Albert Camus, abordent des sujets qui sont « in » , et qui, des fois, sont « trashing », comme p.ex.: «I hired a contract killer »ou« comment est-ce que je vais virer mon meurtrier».

Griesheim, Smidtstrasse 12, tél. 069 1340400, lignes de tramway 11. 21 Mönchhofstrasse, **www.schauspielfrankfurt.de**

THEATRE GALLUS

Le théâtre alternatif Gallus, localisé dans le quartier portant le même nom, a été créé dans il y a plus de 25 ans. Grâce à la collaboration culturelle de Brian Michel avec des jeunes étrangers dans un quartier sensible à la fin des années 70, ce théâtre compte aujourd'hui parmi les meilleurs théâtres de la scène libre en Allemagne. En 1998, le théâtre a trouvé un nouveau domicile localisé dans les anciens ateliers d'Adlerwerken. Ces derniers, fondés en 1920 par Heinrich Kleyer, ont été à l'époque le plus grand centre de production automobile en Allemagne et ils sont devenus un monument industriel de Francfort. Le répertoire du théâtre Gallus est très diversifié et multiculturel. C'est un mélange de théâtre lyrique, de spectacle, de performance, de cabaret, de théâtre pour les enfants et de beaucoup d'autres éléments.

Gallusviertel, Kleyerstrasse 15, tél. 069 75806020, S-Bahn Galluswarte, ***www.gallustheater.de***

KÜNSTLERHAUS MOUSONTURM

La Maison des artistes Mousonturm est encore plus avant-gardiste que le théâtre Gallus. L'esthétique de la scène est un élément très important dans la maison des artistes, car la beauté y était au centre d'intérêt déjà auparavant : en 1798, Friedrich August Mousson y a créé une usine de savon et d'éclairage qui produisait jusqu'au XXème siècles des crèmes et des parfums. La tour carrée de 33 m d'hauteur, conçue en 1924 par les architectes Gärtner et Wollmann, est considérée comme le premier gratte-ciels à Francfort. A ce jour, à l'intérieur du monument de l'industrie se produisent en scène des vedettes de l'art contemporain avec leurs répertoires ambitieux.

Bornheim, Waldschmidtstrasse 4, tél. 069 40589520, U4 Marienplatz, ***www.mousonturm.de***

SUGGESTION

Si avant un spectacle de théâtre vous désirez mettre fin à la petite faim ou bien, prendre un verre après une représentation, vous êtes bienvenus au Bar M dans le Künstlerhaus Mousonturm. Heures d'ouverture : lundi – samedi 17h – 1h, dimanche 10h – 1h, la cuisine jusqu'à 24h. A part cela : So Grosses Frühstückbuffet, 10h – 16h, réservations tél. 069 4960506.

VARIETE TIGERPALAST

Associé à l'Orchestre de vartiété et offrant de petits plats et des boissons, le Tiegerpalast vous invite à y passer votre temps avant que le rideau se lève. Grâce à Johnny Klinke, Altsponti de Francfort, depuis 1988, la ville de Francfort a sa propre variété internationale où se produisent en scène de meilleurs artistes du monde entier. Tous les soirs, des jongleurs, des acrobates de corde et les magiciens dirigés par un conférencier, offrent une expérience exceptionnelle en deux shows. 100 collaborateurs, artistes et musiciens de 18 pays, créent un climat animé : de grande ville, vital, international, professionnel, aimable et insolent – tout simplement : une pièce de métropole européenne.

Shows : mardi – jeudi 19h et 22h, vendredi et samedi : 19.30h et 22 .30h, dimanche 17 h et 21 h, billets d'entrée 10 h – 21 h, réservation de places à Tiger-Restaurant, Palast-Bistrot et Palast-Bar tél. 069 92 00 22 50. City, Heiligkreuzgasse16-20, tél. 069 920022-0, U et S-Bahn Konstablerwache, **www.tigerpalast.de**

VOLKSTHEATER

Créé il y a 30 ans par Liesel Christ, personnage original de Francfort, il est le lieu des représentations dans le patois de la Hesse. Le répertoire présenté dans la Cantate-Saal, juste à coté de la maison de Goethe, englobe les pièces telles que « Le Joyeux Vignoble » de Zuckmayer, « La Mère Courage » et « L'Opéra de quat'sous » de Brecht. On peut y voir également des pièces dans le patois local, représentées par de vieux théâtres de Francfort, ainsi que les pièces plus récentes et sociocritiques telles que « Bleiwe Losse » ou « Hochzeit bei Bohneberjer ». Tous les deux ans, le théâtre représente « Le Urfaust » de Goethe dans le Jardin historique localisé devant la cathédrale de Francfort.

City, Grosser Hirschgraben 21, U- et S-Bahn Hauptwache, **www.volkstheater-frankfurt.de**

KOMÖDIE

L'art de la métamorphose, de la dissimulation, des aperçus et de la légèreté – c'est ce qui détermine le nom de la Komödie et contribue à la définition de son répertoire. En 1999, la Komödie a acquis un nouveau local quel a inauguré avec la pièce « Pension Schöller » et par conséquent, elle a pu continuer les 50 ans de l'histoire du théâtre. A la Komödie se produisent en tournée des artistes connus à l'échelle européenne à partir de la Travestie-Star Mary, mais aussi il y a des représentations légères de type Boulevard.

City, Neue Mainzer Strasse 14-18, tél. 069 284580, U1-U5 Willy-Brandt-Platz, ***www.diekomoedie.de***

FRITZ-RÉMOND-THEATER

Dans la majeure partie, ce sont également des comédies qui sont inscrites dans le répertoire du théâtre localisé dans le jardin zoologique. Fritz Rémond, régisseur et directeur artistique, est arrivé après la seconde guerre mondiale avec sa scène itinérante à Francfort où il a rencontré un ancien ami Bernhard Grizmek, directeur du zoo. Ensemble, ils ont développé l'idée du théâtre. Déjà en 1947, ils ont levé pour la première fois le rideau dans le théâtre localisé dans la Zoo-Gesellschaftshaus. Depuis, la maxime du théâtre est toujours actuelle : « pour faire les spectateurs rire ». Ce lieu de distraction culturelle attire le public grâce à ses pièces qui lui permettent d'oublier le train-train quotidien.

City, Alfred-Brehm-Platz 16, tél. 069 435166, U6/7 Zoo.

ATTENTION

Le Théâtre de Fritz Rémond, la Komödie et le Volkstheater de Francfort collaborent : si vous allez à un des théâtres mentionnées ci-dessus dans un délai de 4 semaines, vous allez le droit d'acheter des billets d'entrée à tarif réduit.

SCHMIERE

Un théâtre satirique aux pieds des tours de Francfort. Le théâtre Schmiere a toujours été d'origine de Francfort, et pourtant, avant qu'il ait trouvé un « chez soi » dans la cave du monastère des carmélitains, il avait déménagé à plusieurs reprises. Son team de base, dont les membres sont Effi Rolfs-Wrobel, Matthias Stich et Klaus Tessnov, se produit en scène dans la cave du monastère presque tous les soirs, souvent en collaboration avec d'autres acteurs. A part le répertoire propre du Schmiere et d'autres pièces différentes qui y sont inscrites, une fois par mois, il y a une soirée de sortilège dite « le

Magic Monday » et une fois par mois, chaque mardi, il y a une « Soirée spéciale » avec la participation des invités qui se produisent sur la scène du théâtre Schmiere.

City, Seckbächer Gasse 4 (dans la cave du monastère des carmélitains), tél. 069 281066, U1-U5 Willy-Brandt-Platz, ***www.die-schmiere.de***

DIE KÄS

Le Käs, « Kabarett Änderungsschneiderei », a été créé il y a huit ans. C'est le premier et unique théâtre – cabaret turc avec le répertoire dans la langue allemande. A part la réprésentation de ses propres productions, Ayse Aktay et Sinasi Dikmen, cabaretier et auteur turc, reçoivent ici des cabaretiers renommés tels que Dieter Hildebrand, Georg Schramm et Urban Priol. Le Käs se définit lui-même en tant que l'un de peu des bastions du cabaret politique au milieu du Comedy-Boom en croissance permanente.

Bornheim, Naxoshalle, Waldschmidtstrasse 19, tél. 069 550736, U4 Marienplatz, ***www.die-kaes.com***

THEATRE STALBURG

Le théâtre Stalburg représente un cabaret cru et plusieurs productions propres. A part cela, un petit jardin où on peut commander du vin de pommes, est aussi très recommandé.

Nordend, Glauburgstrasse 80, tél. 069 25627774, U5 Station d'arrêt Glauburgstrasse, ***www.stalburg.de***

THEATRE INTERNATIONAL DE FRANKFURT

Des spectacles, des soirées de chanson et des cabarets, souvent représ-entés au Théâtre international de Francfort dans des langues originales.

Ostend, Hanauer Landstrasse 5-7, tél. 069 4990980, S-Bahn Ostendstrasse, ***www.itf-frankfurt.de***

GERMANIAPALAST

Le Germaniapalast c'est une petite scène de cabaret où le Travestie-programm de meilleure qualité à l'échelle internationale change tous les mois. Réservation des places obligatoire.

Bornheim, Germaniastrasse 47-49, tél. 069 433914, U4 Höhenstrasse,
heures d'ouverture : mardi-samedi à partir de 17h, ***www.germaniapalast.de***

SUGGESTION

Dans le Germaniapalast il y a aussi un bon restaurant
avec une terrasse ouverte en été.

OU LES IMAGES ONT APPRIS A BOUGER :
CINEMAS A PROGRAMMES PROPRES, SALLES DE PROJECTION

ORFEOS ERBEN

Depuis des années, ce cinéma de programme fonctionne sans se faire de publicité. Les billets d'entrée coûtent ici 1 Euro plus cher qu'ailleurs, mais c'est aussi une forme d'autofinancement du théâtre. En revanche, on y peut s'assoire dans les fauteuils d'avion de Lufthansa hyper confortables qui ont été installés dans la salle de cinéma relativement petite. On y passe le Mainstream soutenu, de temps à autre aussi en original.

Bockenheim, Hamburger Allee 45, tél. 069 70769100, S-Bahn Westbahnhof,
www.orfeos.de

MAL SEH`N

De nouvelles productions et des productions classiques, recherchées et internationales, souvent passées dans des langues originales avec sous-titrage.
Un répertoire pour les enfants (vendredi 15h, samedi et dimanche 16h) et
les matinées de dimanche à 13h. Après la séance, il est recommandé de se
rendre au Café Filmriss.

*Nordend, Adlerflychtstrasse 6, tél. 069 5970845, U5 Musterschule, **www.malsehnkino.de***

HARMONIE

Après un log processus de rénovation, le cinéma de programme de
Francfort éblouit de nouveau la ville. On y passe des productions
ambitieuses et certains metteurs en scène viennent pour les premières.

Sachsenhausen, Dreieichstrasse 54, tél. 069 66371836, S3-S6 Lokalbahnhof,
www.harmonie-kinos.de

CINEMA DANS LE MUSEE DU FILM

C'est ici, dans la salle du musée du film allemand qu'il y a 20 ans, le cinéma
communal de Francfort a trouvé un « chez soi ». Aujourd'hui, on y passe des
rétrospectives thématiques, des films documentaires, dans la plupart des cas,
dans la version originale. De plus, une possibilité de mener des discussions
avec des metteurs en scène, des interprètes et des connaisseurs de cinéma.

Sachsenhausen, Schaumainkai 41, tél. 069 21238830, U1-U3 Schweizer Platz,
www.deutsches-filmmuseum.de

LES CINÉMAS DE BLOCKBUSTER AU CENTRE DE LA VILLE.

METROPOLIS-KINOS

*City, Eschenheimer Anlage 40, U1/3 Eschenheimer Tor, **www.cinestar.de***

E-KINOS

*City, Zeil 125, U et S-Bahn Hauptwache, **www.cineplex.de***

TURMPALAST

Films en version originale, City, Bleichstrasse 57,
tél. 069 281787, U1/2/3 Eschenheimer Tor

Lire
ET
Rechercher

La ville de Francfort et la littérature – c'est une relation qui y existait depuis toujours et qui n'a pas été établie seulement par Goethe. C'est ici, à Francfort, que depuis le Moyen Age a lieu chaque année la plus grande Foire des livres, c'est ici que se rencontrent des éditeurs, des auteurs établis et des « newcomers » et en octobre, pendant quelques jours, ils transforment la ville en un marché de langues et d'idées. Le profil de la ville de Francfort est constamment marqué par de nombreuses maisons d'édition telles que p. ex. Suhrkamp-Fischer, Eichborn ou Campus, par les penseurs de l'Ecole de Francfort, en commençant par Theodor Adorno, par Max Horkheimer jusqu'à Jürgen Habermas. Le profil de la ville est forgé également les caricaturistes de la Nouvelle école de Francfort comme Robert Gernhardt, F.W. Bernstein, F.K. Waechter, Eckard Henscheid et autres. A Francfort vivent les auteurs tels qu'Alissa Walser et Wilhelm Genazino. Ce n'est pas en vain que la Bibliothèque d'Allemagne à Francfort est considérée comme « la mémoire de la nation ».

DEUTSCHE BIBLIOTHEK

La Deutsche Bibliothek, créée en 1947 suite à sa séparation de la Deutsche Bücherei Leipzig, est un endroit où sont collectées des publications de tous les types, professionnelles et non professionnelles, sur des supports papier et autres supports de stockage des données. En 1990, la Deutsche Bibliothek et celle de Leipzig ont été réunifiées et depuis, les deux unités archivent environ 19 millions publications au total. Des collections différentes, p.ex. des archives d'exil à Francfort, vous invitent à visiter la bibliothèque.

*Nordend, Adickesallee 1, tél. 069 1525-0, U1/2/3 Miguel-/Adickesallee, heures d'ouverture de la salle de lecture : lundi – jeudi 10h – 20h, vendredi 10h – 18h, samedi 10h – 17h, **www.ddb.de***

POELZIG BAU

Les facultés des sciences humaines y ont essuyé des plâtres : il y a quelques années, après la finition des travaux de rénovation et de reconstruction, elles ont emménagé, comme les premières facultés universitaires, dans les locaux du nouveau Campus Westend. Le nouveau bâtiment de 7 étages, localisé près de la Grünerburgplatz, est une construction avec le passé et dont l'histoire n'est pas incontestable. L'architecte Hans Polezig a fait construire ce bâtiment entre les années 1928 et 1931 en tant que bâtiment administratif et le siège central du groupe chimique IG Farbenindustrie AG. Après la seconde guerre mondiale, il est devenu quartier général des forces armées américaines en Allemagne. A ce jour, il constitue le point central du Campus

Westend. Un parc splendide avec des bassins d'eau a été projeté par Hermann Mattern, architecte des jardins.

Le Land de la Hesse a acquis une pièce de terrain de 12 000m2 sur le Campus en vue d'y aménager un terrain d'université. Cette dernière, a été créée en 1914 grâce à une donation et à ce jour, 2 500 professeurs et collaborateurs scientifiques enseignent et font des recherches dans 16 domaines de spécialité. L'université de Francfort a pris de l'importance déjà au début de son fonctionnement. En 1919, Franz Oppenheimer a été chargé d'assumer la fonction du chef de la première chaire de sociologie en Allemagne ; un an plus tard, Friedrich Dessauer, physicien connu pour ses recherches dans le domaine de l'irradiation, a accepté le poste à l'Université de Francfort. Finalement, Max von Laue et Max Born, lauréats du Prix Nobel, ont aussi collaboré à la création de la faculté scientifique. En 1930, c'est Max Horkheimer qui est arrivé sur le Main en tant que directeur de « l'Institut des recherches sociologiques ». Après son exil en 1950, il est rentré à Francfort où il était représentant, ensemble avec Theodor W. Adorno et autres, de

l'Ecole de Francfort. La collection des essais écris par Horkheimer et Adorno
« Dialektik der Aufklärung » (fr. Dialectique des Lumières) est considérée
comme l'ouvrage principal de l'Ecole de Francfort.

Le spectre des facultés à l'Université de Goethe englobe aujourd'hui le droit,
l'économie, les sciences humaines et sociales, les sciences naturelles et la
médicine. A ce jour, l'université est divisée en quatre centres de formation
éparpillés dans tout le Francfort.

L'Université de Johann-Wolfgang-Goethe avec plus de 35 000 étudiants,
compte parmi les plus grandes universités en Allemagne.

*Westend, Grüneburgplatz 1, U1/2/3 Holtzhausenstrasse / Uni Campus Westend, **www.uni-frankfurt.de***

PORTIKUS – ALTE STADTBIBLIOTHEK – LITERATURHAUS

C'était difficile jusqu'à la construction d'un nouvel immeuble. Le Sénat a
délibéré ce sujet de 1788 à 1816, donc cela lui a pris plus de 30 ans et c'est
après cette période qu'on a pris la décision de construire un nouvel édifice
dans la Schöne Aussicht. Johann Christian Hess, architecte et superviseur
des travaux de construction municipal, a gagné le contrat concernant la
réalisation du projet en question et finalement, en 1825, le bâtiment classique a été ouvert au public. Au début du XIXème siècle, l'Alte Bibliothek, élevée
dans la Schöne Aussicht, était considérée comme une construction de luxe
ostentatoire, décorant la promenade élégante sur la rive du nord. Cette perle
d'architecture a été presque complètement détruite par des bombardements

lors de la seconde guerre mondiale, à l'exception de six colonnes blanches du portique. Rien n'a changé pendant 50 ans après la guerre. Seulement en 2000, grâce à un financement privé, on a réussi à avoir l'accord de reconstruire l'Alte Bibliothek conformément aux plans de Christoph Mäckler. Début octobre 2005, l'Alte Bibliothek a été rouverte au public, ce qui était accompagné d'une cérémonie littéraire. Depuis, elle est devenue domicile de la Maison de littérature. A ce jour, des soirées de lecture et autres manifestations littéraires sont organisées dans ses locaux fidèlement reconstruits.

*Ostend, Schöne Aussicht 2, Literaturhaus Frankfurt, S-Bahn Ostend, ligne de tramway 14 Heiliggeisthospital, **www.literaturhaus-frankfurt.de***

SUGGESTION

Depuis de grands locaux du Literaurhaus-Café, on peut avoir une belle vue sur le Main. Souvent, ce sont aussi les auteurs qui terminent leurs soirées d'auteur dans ce Café. On y offre des plats de la cuisine méditerranéenne, asiatique et traditionnelle. En été, la possibilité de consomption sur la terrasse extérieure. Portikus, tél. 069 92882646, heures d'ouverture : tous les jours de 10h a 1h, www.literaturhaus-restaurant.de

ROMANFABRIK

Le quartier d'Ostend est le centre incontestable du l'industrie littéraire à Francfort. Le bureau de littérature dans le Mousonturm, la Maison de littérature (Literaturhaus) avec le domicile au Portique (Portikus) depuis 2005 et la Romanfabrik (considérée comme la plus ancienne institution localisée à Ostend): en 2005, elle a fêté son 20-ème anniversaire. A part la littérature, le directeur Michael Hohmann cultive également la tradition de la chanson. Depuis 1998, (après le déménagement de la rue légendaire Uhlandstrasse, aussi à Ostend), dans des locaux ultramodernes du bâtiment dans la Hanauer Landstrasse, sont organisées les festivals de la chanson « Zarah », très appréciés, même à l'échelle internationale.

Ostend, Hanauer Landstrasse 186, tél. 069 4940902, ligne de tramway 11, Schwedler Strasse,
www.romanfabrik.de

Une fenêtre
SUR
le monde

L'aéroport de Francfort est le premier aéroport en Europe. En prenant en compte la densité du trafic passager, avec ses plus de 52 millions des passagers par an, il est le deuxième aéroport européen et en même temps, un quartier de Francfort indépendant. Ici vivent plusieurs centaines d'habitants, il y a un hôpital avec une salle d'opérations, plus de 20 restaurants, une chapelle, de nombreux supermarchés, deux gares de trains et une Skyline-Hochbahn (métro aérien ultra moderne) complètement automatique qui communique en quelques minutes les quartiers d'est et ceux d'ouest de la ville.

L'histoire de l'aéroport de Francfort est un peu compliquée. En 1936, les dirigeables « Graf Zeppelin » et « Hindenburg » ont décollé ici. Dans la période finale de la guerre, l'aéroport a été détruit et en 1946, il a été de nouveau ouvert au public. A l'époque contemporaine, l'aéroport assure du travail aux 62 000 personnes. Environ 500 entreprises ont ouvert leurs bureaux sur la superficie de 20km2. Les transporteurs ont leur siège au Cargo City Süd, les marchandises fragiles comme les produits pharmaceutiques, les orchidées, jusqu'aux fruits et légumes, arrivent au Perishable Center, dans lequel sont simulées de différentes zones climatiques : à partir des surgelées jusqu'aux températures printanières. L'aéroport de Francfort c'est aussi le plus grand port de chargement des poissons frais qui ne sont pas d'ailleurs des animaux uniques. Aussi des chevaux, des reptiles, des chiens et des chats, y compris des lions et des hippopotames exotiques, sont transportés à la station du chargement des animaux à l'aéroport.

Parmi les plus grandes entreprises sur le terrain comptent la Lufthansa avec ses

filiales et la Fraport AG, responsable de la gestion de l'aéroport. Les deux sociétés font de grands plans pour l'avenir. D'ici 2015, dans la partie sud, un troisième terminal de trafic de passagers doit être ouvert au public. Après son ouverture, l'aéroport de Francfort serait capable de recevoir 80 millions des passagers. Mais entre temps, il y a d'autres changements importants : l'aéroport à Francfort sera l'un des premiers, juste après Singapour, Londres et Dubaï, à être desservi régulièrement par l'avion géant Airbus A 380. Afin que les passagers puissent accéder sans problème à deux niveaux d'A 380 dans l'avenir, la réalisation des travaux de construction est obligatoire. Dans le terminal 2 sont prévus 5 caps de stationnement pour l'enregistrement et le contrôle des A 380. Dans le terminal 1 est également prévue la construction des caps de stationnement pour les avions de Lufthansa et ceux de son Star-Alliance-Partner, y compris l'avion A 380. Etant donnée que normalement, on a besoin d'une piste d'atterrissage/de décollement plus large et plus longue, on peut constater qu'il y en a une dans la partie nord de l'aéroport qui satisfait dès maintenant aux exigences des A 380. Les avions de la nouvelle flotte de Lufthansa devraient être livrés à partir de 2007, ce qui veut dire qu'à partir de cette année, ils vont stationner et desservir l'aéroport de Francfort.

A cause de son architecture de verre, la nouvelle ligne ferroviaire Fernbahnhof pour les voyages long-courriers est sans doute l'innovation la plus impressionnante de ces derniers temps. Sur son toit, il est prévu de construire des immeublesadministratifs, des salles de réunion, et, au fil du temps, aussi un hôtel de luxe. Pour l'instant, tout cela n'est que dans la phase de projets. La première de deux galeries marchandes, moderne, sportive et trendy, localisée dans la zone des départs B, est déjà ouverte au public. Ici, on peut flâner le long de nouvelles « Shopping avenues » et puis, après avoir fait des achats, se reposer au restaurant Käfer. Plusieurs magasins sont accessibles au public, alors, en cas d'urgence, des habitants de Francfort qui avaient oublié de faire leurs commission ou qui rentrent justement à la maison, ont une occasion unique de s'y approvisionner. Vite : encore une fraîche baguette et une bouteille de bon vin et on peut organiser une soirée de fête. *Heures d'ouverture : tous les jours 07h – 21.30h.*

Chaque jour, 1400 avions atterrissent et décollent à l'aéroport de Francfort et ils

apportent une ambiance de monde lointain : p. ex. celle de l'Afrique du Sud, de Dubaï, du Vietnam, des Etats-Unis ou du Japon. Celui qui n'a pas le temps de voyager et qui, pourtant, souhaite de calmer sa faim de courir le monde, peut observer des avions atterrir et décoller à travers une vitrine de verre géante d'un McDonald's dans le terminal 2.

Pour arriver de l'aéroport au centre de la ville, on peut prendre, bien évidemment, un taxi. Un aller simple coûte environ 30 Euros. Il existe également une possibilité de prendre un train de banlieue (S-Bahn) ou un train régional (Regionalbahn). La station des trains régionaux est localisée dans le terminal 1, au niveau 1. Pour se déplacer au centre, il faut mettre entre dix et vingt minutes.

A ce jour, un aller simple de l'aéroport à la City de Francfort coûte 3.35 Euros pour les adultes et 2 Euros pour les enfants entre 6-14 ans. La manipulation la plus simple est d'appuyer le bouton « Innenstadt Frankfurt » ; en principe, c'est le bouton n° 8 en comptant du haut vers le bas. Les adultes ont à appuyer des boutons sur la barre à gauche et les enfants sur la barre à droite.

La ligne ferroviaire Fernbahnhof pour les voyages long-courriers et ceux à destination de Francfort Hauptbahnhof ou Francfort Südbahnhof, est localisée dans le Airrail Terminal, directement à coté du terminal 1. il est recommandé de suivre les SUGGESTIONs ci-après :

Pour un aller ou retour en avion, il y a une possibilité de faire le «
check-in » aux guichets de nombreuses compagnies aériennes, localisés
dans la salle du Fernbahnhof.

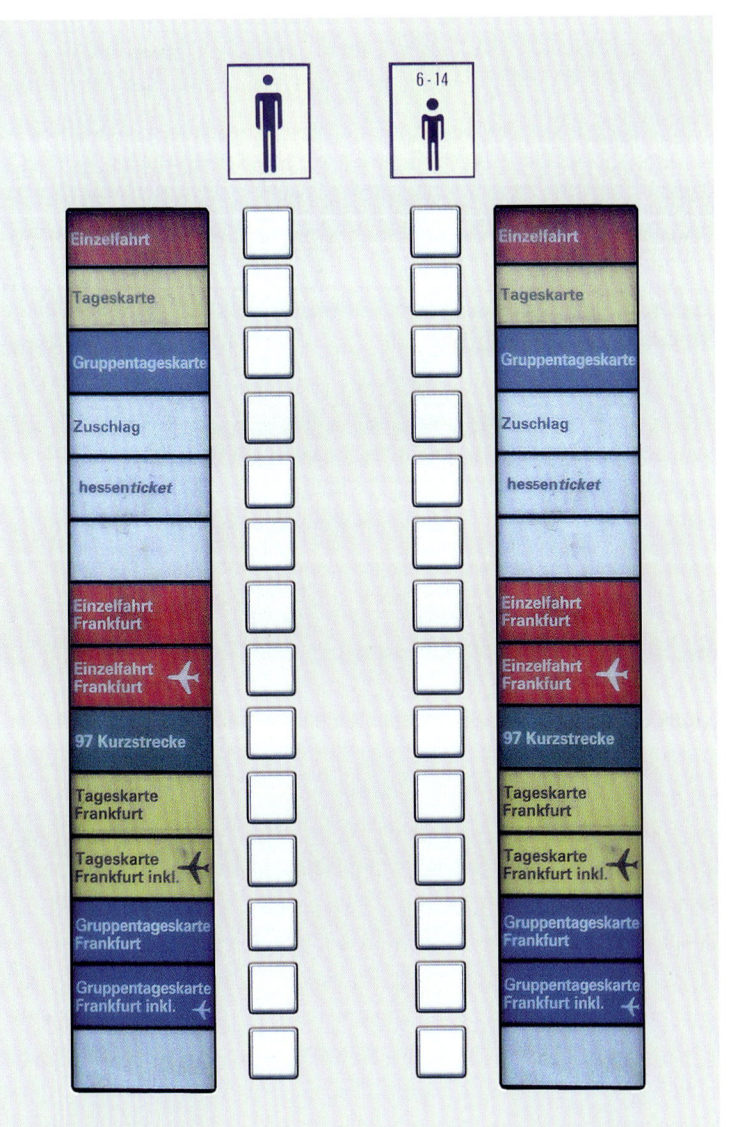

Pour en savoir plus : RMV-Mobilitätszentrale sous l'aéroport dans le terminal 1, zone B, niveau 0
DB Reisezentrum dans le terminal 1, zone B, niveau 0, les arrivées,
pareil que dans le Airrail Terminal, au niveau 3.
Heures d'ouverture : tous les jours 06h – 22.30h, tél. 069 26537950.

L'avenir
DE
Francfort

Les rêves à Francfort s'élèvent déjà au-dessus des nuages. L'avenir apporte à Francfort non seulement de nouveaux gratte-ciels, mais aussi des quartiers tout neufs.

BCE ET LA GROSSMARKTHALLE

Sur la rive nord du Main, pas loin de la Gare d'est et du Port d'est, un nouveau quartier est en train d'être construit et, suivant les prévisions, la Banque Centrale Européenne va y déménager en 2008/2009. Un immeuble double entrelacé de 185m d'hauteur sera un siège représentatif, localisé juste à coté de l'ancienne Grossmarkthalle (grosse halle de marché). La Halle, protégée en tant que monument historique, a été construite en 1928 conformément aux plans de Martin Elsaesser. Avec ses 200m de longueur et 50m de largeur, elle était la plus grande construction de béton et d'acier du monde. Les habitants de Francfort l'appelaient tout simplement « l'église des légumes ». La BCE, en tant que lobby, va utiliser ce monument d'architecture historique pour y aménager son siège social, dont les plans ont été conçus par les architectes de Vienne von Coop Himmelb(l)au.

Ostend, Rückerstrasse 6, S-Bahn stations d'arrêt Ostendstrasse et Frankfurt Ost

FRANKFURT^{HOCHVIER}

D'ici 2008, dans la meilleure localisation de la City, entre la rue Eschenheimerstrasse et la Zeil, sera construit un centre de commerce et de distractions « Frankfurt Hochvier ». A part le centre de commerce, sur la superficie de 18 000m2 sera construit le « Zeilforum », une reconstruction de Thurn- et Taxi-Palais conforme à son original érigé en 1730. De plus, on y prévoit de construire deux gratte-ciels de 120 et 90m d'hauteur, dans lesquels sera localisé un hôtel et des bureaux. Selon les prévisions, 3 800 personnes seront embauchées dans ce nouvel ensemble des bâtiments.

City, Zeil, U- et S-Bahn Hauptwache

QUARTIER EUROPEEN

Le Quartier européen est en train d'être construit sur le terrain occupé par les anciennes gares Güterbahnhof et Rangierbahnhof. 12 000 personnes pourront vivre sur cette superficie de 145 hectares et jusqu'à 37 000 personnes pourront y travailler. C'est un projet de construction superlatif qui sera réalisé dans cet endroit d'ici 10 ou 15 ans. La construction de la Milleniumtower de 365m d'hauteur va couronner ce projet ambitieux.

City, Europaviertel, U- et S-Bahn Hauptbahnhof

NEUER PORTIKUS

Le « Neue Portikus » est en train d'être construit sur l'île de Main, près de l'Alte Brücke. Dans ce bâtiment de 1 000m2 à un toit à pignon abrupt sera localisé un musée d'art.

City, Maininsel, Alte Brücke,
Bus n° 30 et 36, Schöne Aussicht

ERNST-MAY-SIEDLUNG

Ernst May, pionnier de la construction urbaine, a décrit l'histoire de l'architecture de Francfort et c'est la raison pour laquelle on lui a élevé un monument. Dans le quartier Römerstadt-Siedlung, une maison a été reconstruite conformément à l'original, la fameuse « Frankfurter Küche » y incluse.
15 000 d'habitations se trouvent dans les huit quartiers conçus par May dans les années 1925 – 1930. Les quartiers en question ont gardé leur importance jusqu'à nos jours et les habitations qui y avaient été élevées, se caractérisaient par des formes tout à fait nouvelles à l'époque.

Heddernheim, Im Burgfeld 136, U1 Römerstadt, les visites ont lieu le premier
samedi de chaque mois de 15h à 18h, ***www.ernst-may-gesellschaft.de***

Les jardins
de Francfort

La longueur du Main sur le terrain de la ville de Francfort se chiffre à 27km. Après, à la hauteur de Mayence, le fleuve se jette au Rhin. C'est déjà Goethe qui a décrit ce fleuve dans la « Promenade de Pâques » comme « le havre du repos ». La promenade au bord du Main, fleuve international qui relie la mer du Nord et la Mer Noire, est utilisée encore aujourd'hui aussi bien par les piétons que par ceux qui font du jogging, du skating et des cyclistes. Qui veut descendre directement à l'eau, il a une possibilité de se louer un pédalo ou un canoë stationnés près de l'Eiserner Steg. Du printemps jusqu'à l'automne, des bateaux-mouches circulent sur le Main et des fois, ils atteignent même le Rhin. Leurs caps de stationnement se trouvent également près de l'Eiserner Steg. De plus, de nombreux parcs dits de petites oasis vertes, invitent des visiteurs à y respirer profondément et à oublier pour un instant les préoccupations de la vie quotidienne.

BETHMANN-PARK AVEC LE JARDIN CHINOIS

Un petit joyau au centre de la ville est le Bethmann-Park. En 1789, la famille Bethmann a acquis le parc des patriciens en tant que « Jardin devant la porte ». En 1803, le roi Friedrich Wilhelm III de la Prusse a visité le parc en question et dix ans plus tard, c'est Napoléon qui y relaxait. Telle est l'histoire du parc. A l'époque contemporaine, le par dévoile son visage international. En 1989, dans le Bethmann-Park a été ouvert un jardin chinois. Un pont en zigzag, des éléments de la culture de jardins chinoise et des pavillons font que vous avez l'impression de vous trouver soudainement en Chine sans avoir dû quitter la ville de Francfort. Le jardin chinois c'est un cadeau offert à Francfort par Guangzhou, une de ses villes jumelées. Tout le matériel concernant la construction du jardin, les décorations des pagodes, les sculptures et les passerelles sont d'origine de Guangzhou. Le pavillon sur eau où se rendent des hommes d'affaires pour y prendre leur lunch, se détendre et entre temps suivre le flux de leurs Yin et Yang, est un bâtiment à caractère typiquement décoratif.

Nordend, Entrée Mauerweg, U4 Marienplatz

ATTENTION

Dans le Bethmann-Park vous trouverez facilement des informations sur les maladies des plantes et leurs parasites, ainsi que des suggestions concernant leurs soins et leur plantation.

STADTWALD ET LA TOUR DE GOETHE

Le Stadtwald, parc municipal de 5000 hectares, localisé dans la partie sud de la ville de Francfort, constitue un lieu de relaxation pour les adultes et les enfants et il s'étend jusqu'aux confins de la ville. Le « Scheerwald », centre de ce terrain de jeux gigantesque, se transforme en été en un champ de fontaines pétillant d'eau et plein de bassins d'eau gonflés en plastique pour les plus petits. Pas très loin, dans la rue Sachsenhäuser Landwerweg se trouve la Tour de Goethe. Avec ses 43m d'hauteur, elle compte parmi les plus hautes tours d'observation de bois en Allemagne. Par un beau temps, on peut admirer le panorama de la ville jusqu'à Taunus. Un pont de bois sur la Bundesstrasse conduit à l'étang Jacobiweiher près de l'Oberschweinstiege. Dans la language familier, le Weiher est appelé aussi le « Vierwaldstätter See » à cause de quatre localités situées tout au tour de lui, à savoir : Niederrad, Oberrad, Sachsenhausen et Isenburg. Dans cet étang s'ébattent de nombreux poissons qui enrichissent le menu des hérons gris et des cormorans. Autour de l'étang en question il y a un circuit avec des banquettes tout au long du trajet. Sur la rive nord, on est en train d'installer une tribune pour environ 50 auditeurs. En été, ce « Speakers's Corner » sera utilisé également pour la célébration des messes dans le parc. Et pourtant, des sont peu naturels perturbent de temps à autre le plaisir de côtoyer la nature : surtout le terrain autour de Jacobiweiher se trouve dans l'axe d'atterrissage des avions à destination de l'aéroport sur le Rhin-Main. Et pourtant, l'altitude relativement basse des avions qui se préparent à atterrir à Francfort ne dérange pas du tout ceux qui aiment s'amuser à deviner les noms des lignes aériennes.

Sachsenhausen, ligne de tramway 14, station d'arrêt Oberschweinstiege, bus n° 963, station d'arrêt Neu/Isenburg, des parkings aux débouchées des Isenburgerschneise et de la Darmstädte Landstrasse sur l'Oberschweinstiegsschneise. Devant le restaurant il y a un parking pour les visiteurs, ouvert seulement lors des heures d'ouverture du restaurant.

SUGGESTION

Le restaurant Oberforsthaus invite à s'y installer – en été, aussi sur la terrasse.

Tél. 069 6844888, heures d'ouverture : lundi – dimanche 10h – 22h, **www.oberschweinstiege.com**

ATTENTION

Des Stadwald Walker et les coureurs se donnent des rendez-vous tous les jours sauf lundi à Spiridon-Lauftreff. Des groupes sot divisées en fonction de la condition des coureurs, la participation est gratuite, des tests d'essai sont souhaitables. Le trajet commence à la Bezirkssport- anlage, ensuite, on passe à coté de la Babenhäuser Landstrasse, Sachsenhausen. www.spiridon-frankfurt.de

GRÜNGÜRTEL

Le Grüngürtel est le plus grand poumon vert de la ville. Localisé à l'extérieur de la métropole, il la entoure tout autour. A cela il faut ajouter le Stadwald, le Niddatal et le Berger Rücken qui, tout compte fait, se rejoignent. Avec sa superficie de 80 km2, le Grüngürtel est le plus important terrain de récréation à proximité de Francfort. Ici, on distingue des paysages forestiers, ceux de pleines et de collines. De plus, on y trouve des jardins, des parcs, des cultures de fruits, des champs, des ruisseaux et des étangs qui constituent le biotope de plusieurs plantes et animaux, même si des fois, il est difficile de ne pas entendre le bruit des voitures. Le Grüngürtel est un endroit idéal pour des escapades à vélo. De nombreux écriteaux et points de repère indiquent bien le chemin. En 1994, le Land de la Hesse a décidé de placer le Grüngürtel sous une protection particulière. Deux ans plus tard, il a été cité par l'ONU en tant que bon exemple d'un développement durable de la ville.

La zone interne du Grüngürtel est facilement accessible aux Francfortois. Elle

commence à la hauteur de Willy-Brandt-Platz, puis elle s'étend vers le quartier des banques, elle passe à coté de la Vieille Opéra jusqu'à la Eschenheimer Turm. Ensuite, elle s'étend vers le Zoo pour arriver jusqu'au pont Flößerbrücke et c'est de cette façon que le parc entoure le centre de la ville de Francfort. Une balade le long du Main en direction de la Holbeinsteg permet de fermer le circuit.

Démarrage : Willy-Brandt-Platz U1/5, Pour faire un tour à pied prend deux heures,
ne pas approprié aux patineurs à roulettes.

GRÜNEBURGPARK

En été, après que les banques ferment, de nombreux employés appliqués de Westend se reposent le soir sous les arbres et dans les prés du

Grüneburgpark. Pas très loin du Palmengarten se trouve le terrain occupé par l'ancien château fort « Grüne Burg » qui à partir de 1789 était le lieu des rendez-vous de la société de l'époque, comme Goethe ou von Arnims. Quelques dizaines d'années plus tard, la famille de banquiers Rothschild y a fait construire un château de Grüneburg et y a fait aménager un parc remanié plus tard par les frères Siesmayer (voir aussi le chapitre Le Palmengarten). Depuis 1935, le terrain du parc appartient à la ville de Francfort. Lors de la seconde guerre mondiale, le château de Grüneburg a été complètement détruit, et pourtant, la plupart des arbres âgés de plus de 100 ans ont étés sauvegardés. Sur les fondations de l'ancienne orangerie il y a aujourd'hui une église gréco orthodoxe. En été, on organise dans le Grüneburgpark des concerts et des spectacles de cinéma open air.

Westend, U1/3, Holtzhausenstrasse, Bus n° 36 Simon-Bolivar-Anlage

ATTENTION

Un jardin coréen, nouveau lieu idyllique, dans le voisinage direct du Grüneburgpark, est justement en train d'être aménagé. En 2005, la Corée a été le pays d'hôte de la Foire des livres de Francfort. Pour ce pays, la ville de Francfort est la plus importante plateforme européenne. Le groupe automobile Kia est en train de construire sa centrale européenne près du terrain de la Foire de Francfort et son concurrent, Hyundai, ouvre son quartier général pour l'Europe à Offenbach, ville voisine de Francfort.

S. 75

GÜNTHERSBURGPARK

Au XIXème siècle, le parc public d'aujourd'hui appartenait à la famille Rothschild qui possédait une maison sur une pièce de terrain voisin. Ce parc, dont la superficie est de 7 hectares, est très agréable à cause de ses vieux, beaux arbres. En 1950, on y a fait construire une église reformée sur les ruines de l'ancienne orangerie. A l'heure actuelle, le parc offre des terrains de jeux pour les enfants, des terrains de sports aquatiques et des places pour jouer au streetball.

ATTENTION

Le Café avec un jardin d'été invite des touristes à y prendre une collation. Dans l'Allée des platanes, on peut assez souvent rencontrer un groupe de joueurs aux boules. Interdiction de faire promener les chiens.

Bornheim, Hartmann-Ibach-Straße, linea U4 Bornheim Mitte, linea del tram 12 Günthersburgpark

HOLTZHAUSENPARK AVEC LE WASSERSCHLÖSSCHEN

Un grand terrain de jeux pour les enfants et des prés attirent de nombreux visiteurs. Une allée idyllique conduit du chemin Oder Weg jusqu'au château sur l'eau. En 1722, L'architecte français Rémy de la Fosse, a fait construire le

Wasserschlösschen dans le style baroque qui est devenu résidence secondaire de la famille de Holzhausen. A peu près 100 ans plus tard, un parc anglais avec un patrimoine forestier remarquable a été aménagé autour du château. A ce jour, le château de Holzhausen est devenu siège de Frankfurter Bürgerstiftung. C'est ici qu'ont régulièrement lieu des concerts, des expositions et des manifestations culturelles.

Nordend, U1/2/3 Holtzhausenstrasse, bus n° 36 Holtzhausenpark

ATTENTION

Le château de Holtzhausen est ouvert au publique seulement quelques jours dans la semaine. Toute information sous le N° de tél : 069 557791. Tout le terrain du parc est destiné à la récréation, ce qui implique une interdiction absolue d'y faire promener les chiens. Le café d'été invite des visiteurs à s'y relaxer et se laisser gâter.

NIDDALAUF

Même si le Main est le fleuve le plus important à Francfort, il n'est pas le seul. La rivière de Nidda, dont la source se trouve à 700m d'hauteur dans la montagne Hoher Vogelsberg, traverse la ville. Sa longueur sur le terrain de Francfort se chiffre à 18km et ensuite, à la hauteur de Frankfurt-Höchst, elle se jette au Main. A l'origine, le nom de Nidda désignait une colonie celte localisée près de Heddernheim. Déjà les Romains savaient utiliser la rivière en tant que moyen de transport et de commerce. Plus tard, les habitants de Nidda utilisaient le courant d'eau pour faire fonctionner leurs moulins et, en conséquence, à moudre des céréales. Sur le terrain du parc national de Nidda se trouvent des zones de protection des oiseaux et de la végétation riveraine naturelle. Pour les joggers, les skaters, les pêcheurs et les piétons, les alentours de Nidda constituent un lieu de récréation préféré.

Posibilité d'accès à Hausen, Rödelheim, Heddernheim, Eschersheim

ATTENTION

Grâce à la station d'apprentissage à Grüngürtel à Bonames, les groupes de 15 personnes sous directions de l'école de sciences naturelles de la Hesse peuvent former des laboratoires itinérants et faire des analyses détaillées d'eaux. La descente en radeaux construits par les « laborantins » eux-mêmes, est une occasion idéale pour prendre connaissance de la flore et faune de la perspective de l'eau. Toutes les informations supplémentaires : Ecole de sciences naturelles de la Hesse, tél. 06181 9080936 ou sur www.naturschule-hessen.de

OSTPARK

Le premier parc public de Francfort à été aménagé il y a environ 100 ans dans un quartier ouvrier à Francfort. Ses grandes prés étaient volontiers utilisées par les amateurs du football, Joschka Fischer, lui aussi, il y jouait autrefois au football. Au centre du parc se trouve l'étang de Ostparkweiher de la superficie de 4 hectares, plein de cygnes, de canard et d'hérons.

Ostend, Ostparksstrasse, U6 Eissporthalle/Festplatz

Le Palmengarten

UNE EXCURSION

dans les tropiques

Le Palmengarten, jardin des palmiers, visité le plus souvent en Europe, est un centre de récréation localisé au centre de la ville. Il doit son existence au duc Adolph von Nassau. Au XIX-ème siècle, il a fait planter une grande collection des plantes exotiques dans sa résidence à Wiesbaden. Quand on a fait un appel d'offres pour vendre la résidence de Nassau, l'architecte des

jardins Heinrich Siesmayer a décidé de saisir cette opportunité de réaliser enfin son rêve et de construire une maison pour les plantes tropicales et un jardin. Les Francfortois ont acquis la collection des plantes et sur une pièce de terrain municipal, ils ont aménagé un jardin et construit un grand édifice à qui a été annexé la Palmenhaus, maison des palmiers. La Palmenhaus, construction la plus ancienne du Palmengarten de Francfort, rénovée par les architectes Ernst May et Martin Elsaesser en 1929, est devenue à l'époque référence pour des palais de verre similaires construits en Allemagne. En mars 1871, La Palmenhaus a été ouverte au public. Cent ans plus tard, le jardin a été rénové et à cette occasion, il a subi une transformation profonde. A ce jour, le jardin propose aux visiteurs un climat tropical et toute une diversité de plantes tropicales, y compris des palmiers de quelques mètres d'hauteur et des cascades d'eau. Dans le tropicarium, on peut voir de différentes plantes de désert, à l'extérieur il y a des jardins de roses, de pierre, de rhododendrons et ceux de plantes vivaces et dans la Blütenhaus, près de l'entreprise maraîchère, on peut observer la floraison des plantes typiques pour la saison. De plus, dans la salle d'exposition, il y a à découvrir des plantes carnivores, des pierres vivantes ou des broméliacées, ainsi que des fougères et des orchidées qui poussent dans les couronnes des arbres. Cette offre « à propos de l'année du jardin » est complétée par des expositions temporaires. Au printemps, ce sont des orchidées et des camélias, à

Pâques des plantes printanières et des chrysanthèmes en automne. Celui qui visite la Palmengarten au fil des saisons, va toujours découvrir quelque chose de nouveau. Afin que la visite de ce grand parc ne devienne pas ennuyante, il y a des possibilités de se reposer un peu. Par exemple sur des chaises longues ou dans le pré. Les visiteurs qui apprécient le confort et ne veulent pas se déplacer à pied, peuvent prendre le Palmengartenexpress qui les emmènera jusqu'à au Weiher plein de canards, où on peut continuer la visite en barque.

La saison de la rose à la Palmengarten est un événement d'année spécial. Pendant une semaine en juin, lors de la fête de la rose, la reine des fleurs honore le Palmengarten de sa présence. La tradition de la fête de la rose date à 1931. Des jeux de lumière diversifiés et un programme musical très riche constituent le cadre de la fête : « l'exposition des roses ». Cette année, un samedi de juin à minuit, la Lichterfest, spectacle de lumières, sera le point culminant de la fête.

A la nuit tombante, tout le jardin est décore d'images illuminés de milliers de petites bougies. A la fin, des feux d'artifice inondent le ciel nocturne et ils transforment le scénario en véritable spectacle magique.

Westend, Siesmayerstrasse 61, tél. 069 90029200 ou 069 21236689, heures d'ouverture : novembre – janvier, tous les jours 9-16h, février – octobre, tous les jours 9-18h, la caisse dans la rue Zeppelinallee, seulement samedi et dimanche de 10-16h ; après la fermeture de la cassie, on peut quitter le jardin des palmier par les tourniquets. Palmengartenstrasse : U4 U6/7 Bockenheimer Warte; entrée Siesmayerstrasse : U6/7 Westend, bus n° 36 Palmengarten. Attention: les chiens ne sont pas autorisés dans le jardin. **www.palmengarten-frankfurt.de**

SUGGESTION

Le nouveau café – pâtisserie – restaurant Siesmayer veut renouer à l'ambiance d'une cafeteria viennoise et offre des gâteaux et des tartes classiques, de la pâtisserie française et des glaces de production propre. De plus, des sandwiches, des menus pour le déjeuner et les lunchs d'affaires. Tout cela peut se déguster sur les deux terrasses, soit du coté de la Siesmayerstrasse, soit du coté du jardin.

Siesmayerstrasse 59, tél. 069 90029200, ouvert tous les jours à partir de 7.30h, **www.palmengarten-gastronomie.de**

Le café et restaurant Villa Leonhardi a été aménagé dans une reconstruction d'ancienne villa de jardin qui appartenait à une riche famille de marchands Leonhardi. En été, si on s'assoit sous le toit de la terrasse, entre les colonnes blanches élancées, on réjouit une belle vue sur les

fleurs et la splendeur du jardin de Palmengarten. Si on veut visiter seulement le restaurant, on peut y accéder du coté de la rue Zeppelinallee.

Zeppelinallee 18, tél. 069 7 898847,
www.villa-leonhardi.de

ATTENTION

Tous les dimanches, dans le Palmengarten sont organisées des visites guidées gratuites
consacrées à des sujets très divers. Les rendez-vous à 11h à l'édifice des expositions, rue
Siesmayerstrasse 63 (l'entrée au Palmengarten est payante). Information détaillée sur les
thèmes et les dates des visites guidées gratuites sous le n° de tél. 069 21233939.

ATTENTION

En hiver, une visite nocturne à travers le tropicarium
illuminé par des bougies est particulièrement fascinante.
Pendant deux heures, vous avez la possibilité de voire
des plantes que vous aviez vues sur des pièces de
monnaie et des billets de banque, vous allez découvrir
la Seidenstrasse et ses produits de marché et vous
allez voir la plus chère plante au monde. Les rendez-vous
à 19h à l'édifice des expositions, Siesmayerstrasse 63,
le nombre des visiteurs limité, pas de possibilité de
réserver de billets à l'avance.

La visite
ᴅᴜ Zoo

Depuis l'initiation du programme télévisé du professeur Bernhardt Grizmek, fameux directeur du zoo, le jardin zoologique de Francfort est devenu connu loin au-delà de ses confins. Les expéditions de Grizmek à Serengeti, parc national de Tanzanie, accompagné de son fils Michael, l'ont rendu très bien connu à travers le monde entier. Grizmek est rentré à Francfort chargé d'une mission complète-ment différente : en 1945, les Américains l'ont fait venir sur le Main en tant que chef de la police. En fait, il s'occupait de 20 animaux survivants et ignorait la décision du régime militaire de fermer le zoo. Il a porté à Francfort les animaux les plus rares tels que okapis, bonobos, rhinocéros noirs, gorilles et beaucoup d'autres. Au début des années 50, l'une des premières constructions nouvelles a été la maison des girafes. Aujourd'hui, à par les girafes, dans cette construction

vivent également des klippspringer, des grues couronnées de l'Afrique orientale, des rats rayés, des rats de moissons et des okapis. Dans la maison des antilopes vivent des antilopes africaines, des antilopes bongos et des gazelles dama mhorr. Durant la saison d'accouplement, les chants des grues japonaises sont entendus à travers tout le zoo. Dans la maison des rhinocéros, des colosses à museaux pointus partagent le terrain avec des hippopotames, pendant que seulement une barrière très basse sépare les visiteurs des flamants roses et des flamants du Chili. Dans la jungle des chats se trouvent des lions et des tigres, chats de rouille, et depuis 2005, aussi des léopards nébuleux qui sont séparés des visiteurs seulement au moyen d'une vitre ou d'un fossé rempli d'eau. Afin d'assurer aux tigres de Sumatra une possibilité de nager, on a construit un étang avec un pont pour les visiteurs. Dans l'Exotarium, les visiteurs peuvent faire un voyage de la mer polaire jusqu'aux fleuves d'Amazonie avec des poissons, des sauriens, des crocodiles et d'autres reptiles. Le château des ours avec des ours de Malaisien et les ours de lèvre Teddy, Helga, Raja et leurs collègues, font partie des enclos que l'on envisage de modifier dans le proche avenir, conformément aux caractéristiques naturelles. Dans la salle d'aquarium, s'ébattent des manchots papous dans leur piscine avec le paysage du pôle sud, à droite coule une rivière d'Amazonie avec des

raies d'eau douce, des tétras noirs et des cichlides. Dans les aquariums localisés dans la vieille salle d'aquarium âgée de plus de 100 ans, on peut observer des coraux, des oursins, des étoiles de mer, des homards et des poissons de mer. Depuis la plateforme d'observation dans le Grizmek Camp, se peuvent merveilleusement observer des antilopes de sable et des autruches pendant qu'elles se baladent à travers la savane. Le Grizmek Camp, à l'intérieur du zoo, informe sur la vie et l'activité du chercheur. Ici se trouvent des représentations de son avion et de sa jeep qu'il avait utilisés pour ses voyages à travers le Serengeti. Dans une petite cabane, il y a la possibilité de participer de manière interactive à ses voyages de chercheur ou de se relaxer devant le feu. La maison des animaux nocturnes, portant d'ailleurs le nom de Bernhard Grizmek, compte parmi les plus grandes maisons des animaux nocturnes en Europe. Juste après le premier tournant, tout devient obscur et des kowari australiens, marsupiaux carnivores, sautent dans une large aire imitant le désert. L'ambiance est beaucoup plus relaxante, chez les paresseux qui partagent leur forêt sud-américaine avec des singes de nuit et des tatous. L'animal de doigt et le kiwi sont de vraies raretés. En 2005, deux nouveaux emplacements ont été ouverts : un pour des okapis – une spécialité de Francfort depuis le temps de Bernhard Grizmek qui, en 1954, a fait venir en Allemagne le premier okapis de Congo, le second – pour une espèce très rare de léopards nébuleux de l'Asie de sud-est. Dans les années à venir, les ours de Malaisien et les ourses de lèvres seront transférés dans « la brousse des ours » nouveau aménagée, et en ce qui concerne des singes anthropoïdes – depuis longtemps, une particularité importante de Francfort – on envisage d'aménager un « bonoboland », dont la superficie va se chiffrer à 11 000 mètres carrés.

Ostend, Alfred-Brehm-Platz 16, Info-hotline : 069 21 233735, U6/U7 Zoo,
l'Exotarium ouvre à 10h et la Grizmek-Haus à 9.30h. Durant la période d'octobre à mars,
l'Exotarium est ouvert chaque vendredi soir jusqu'à 21h. Heures d'ouverture :
*en été tous les jours de 9-19h, en hiver tous les jours de 9-17h, **www.zoo-frankfurt.de***

ATTENTION

Lors d'une « journée dans le zoo », il y a une possibilité d'observer pendant quelques heures les employés du zoo donner à manger aux animaux, p.ex., dans les aménagements pour les singes, à l'Exotarium, dans la jungle des chats ou près des écueils où se reposent des phoques. Accès interdit aux allergiques et aux enfants au-dessous de 12 ans. Prix : 7 Euro/personne, pour des raisons de sécurité, les enfants âgés de moins de 14 ans peuvent visiter le zoo seulement en compagnie des adultes. Réservations sous le n° de tél. 069 21233735.

Kids
welcome

TERRAINS DE JEUX A FRANCFORT

A part de nombreux terrains de jeux dispersés dans toute la ville, Francfort offre quelques oasis de jeux particulièrement recommandés aussi bien en été que pendant des saisons plus froides, quand elle sont couvertes.

WALDSPIELPARK PRES DE LA TOUR DE GOETHE

Située près de la Stadtwald, aux pieds de la Tour de Goethe de 43 m d'hauteur, le terrain de jeux offre un grand éventail de possibilités de

distraction pour tous les groupes d'âges – à partir des toboggans jusqu'aux piscines hors-sol dites laghettos. De plus, la forêt située tout près invite à se reposer au sein de la nature et à faire des excursions, soit en bicyclette, soit à pied. Le restaurant voisin offre aux parents et aux enfants la possibilité de se détendre et de se reposer ; et ça vaut toujours la peine de jeter un coup d'oeil sur la ville depuis la Goetheturm.

Sachsenhausen, Sachsenhäuser Landwehrweg, tél. 069 685113,
bus n° 954, 960, 961-963 Sachsenhäuser Warte.

SUGGESTION

Le Café Goetheruh offre non seulement le café et les tartes, mais aussi des plats traditionnels de la cuisine de Francfort, accompagnés de boissons assorties pour les grands et les petits.

Tél. 069 686830, heures d'ouverture : lundi-dimanche de 11-23h, février-novembre de 14-18h.

ATTENTION

Pas très loin, se trouve la StadtWaldHaus avec de nombreuses expositions de la flore et la faune locales. Dans le bâtiment lui-même ou à l'extérieur, le long du sentier, il y a toujours une possibilité de découvrir et d'observer quelque chose de nouveau. Des excursions pour toute la famille sont consacrées à des sujets ou à des saisons de l'année particuliers. Ça vaut la peine de s'informer et de réserver les billets.

Sachsenhausen, Flughafenstrasse 3, tél. 069 683239, ligne de tramway 14, Oberschweinstiege, heures d'ouverture : lundi-jeudi de 9-15h, samedi 12-18h, dimanche 10-18h, durant la période de novembre à mars, le week-end ouvert seulement à 16h, **www.stadtwaldhaus-frankfurt.de**

WALDSPIELPLATZ LOUISA

Sachsenhausen, Mörfelder Landstraße, tél. 069 632404, S3/4 Louisa, surveillance durant la période april-septembre de 7-19h, un grand terrain de jeux sur de l'herbe et un champ de jets d'eau.

AKTIVSPIELPLATZ RÖDELHEIM

Rödelheim, tél. 212 36305, S3/5 Rödelheim, surveillance durant la période mai-octobre, ouvert lundi-vendredi de 14-18h

TERRAINS DE JEUX COUVERTS

ABENTEUERPLANET RIEDBERG

Le premier terrain de jeux à Francfort, dont la superficie se chiffre à 1500m2, équipé de constructions gonflables, tours à grimper, piscines où on peut jouer

au ballon, bullriding, caisses de sable et beaucoup d'autres. De plus, il y a de nombreux postes de jeux et des stimulations créatives, avec une surveillance profession- nelle, mais toujours très gentille. Cette offre est adressée aux enfants de 12 mois à 12 ans. La cafétéria intégrée offre des snacks et des boissons, il y a aussi la possibilité d'y organiser des fêtes d'anniversaire pour les enfants. Les enfants au-dessus de 4 ans et les adultes payent 4,50 Euros, les enfants au-dessous de 4 ans 2,50 Euros. A l'entrée, on sert aux adultes une tasse de café et un morceau de tarte.

Niederursel-Riedberg, Kreuzerhohl 1, tél. 069 299888333, heures d'ouverture : vendredi 13-19h, samedi et dimanche 11-19h, **www.abenteuerplanet-riedberg.de**

Des informations supplémentaires sous le n° de tél. 069 299888333, **www.abenteuerspielplatz.de**

DAS TOLLHAUS

Bad Vilbel, Theodor-Heuss-Straße 48, tél. 06101 82540, S6 Bad Vilbel,
heures d'ouverture : lundi-vendredi 14-19h, samedi et dimanche 11-19h,
les enfants au-dessus de 3 ans 6 Euros, les adultes 3 Euros **www.dastollhaus.de**

TOLLIWOOD

Bergen-Enkheim, Victor-Slotosch-Straße 18, tél. 06109 249484,
heures d'ouverture : lundi-vendredi 14-19h, samedi/dimanche 10-19h, les enfants de 1 à 3 ans 3,90
Euros, à partir de 4 ans 5,90 Euros, les adultes 2,90 Euros, **www.tolliwood.de**

Francfort
fait la fête

Le Francfort et ses habitants savent faire la fête, aussi bien à grande qu'à petite échelle. A part de nombreuses fêtes organisées dans les rues telles que Berger Strassen Fest ou la Lichterfest dans le Palmengarten, chaque année, il y a des événements répétitifs qui sont connus bien au-delà des confins de la ville et qui attirent les gens à Francfort.

LE FISCHERSTECHEN DURANT LA MAINFEST UN VRAI DIVERTISSEMENT POPULAIRE

La Mainfest, fête du Main, sur la place Römerberg et près de la rive Mainkai, est l'une des plus anciennes fêtes citadines à Francfort. Son origine remonte à la consécration de l'église de Dreikönigskirche en juillet 1340, et aussi les pêcheurs de la ville considèrent cet événement comme une bonne occasion à fêter. A l'heure d'aujourd'hui, on ne plume des oies, on ne pêche pas aux canards non plus, et pourtant, le Fischerstechen, lors duquel les participants doivent pousser dans l'eau du Main les représentants de l'équipe se trouvant sur la barque adverse, fait partie des divertissements populaires préférés.

Lors de cette fête populaire qui dure 4 jours en août, on offre des plats traditionnels de type « Ochs' am Spiess » et du vin – de la fontaine de la justice ! Grâce à de nombreux carrousels pour les enfants et d'autres attractions, la Mainfest est une grande fête pour toute la famille à l'intérieur de la ville. Environ 350 000 visiteurs sont contents de participer à la «Kerb am Main », car le dernier jour de la fête, il y a des feux d'artifice impressionnants

Römer, U4/5 Römer, Début août : vendredi et samedi 12-1h, dimanche et lundi 12-24h

AVEC LA DIPPE A TRAVERS TROIS TOURS DE LA MORT

La « Dippemess » de Francfort sur la place de fête, près du Ratsweg, est sans aucun doute la plus grande foire dans la région. Elle attend toujours avec les attractions les plus modernes, des montagnes russes et des grands huit à grande velocité. La « Dippe » de Francfort, autrement les objets en céramique pour la cuisine, sont volontiers achetés encore de os jours. Cependant, beaucoup de Francfortois, jeunes et plus âgés, s'intéressent à la kermesse, organisée dans de longues rues avec des étaux, des trains fantômes, des autoscooters, des stands de tir sportif et des innombrables kiosques. Dans la grande tente de fête ont toujours lieu des concerts de musique live et, bien évidemment, le vin de pom-

mes, boisson typique de Francfort, ne peut y manquer. Durant les jours de la famille, les parents et leurs enfants sont gâtés avec des réductions de prix. Et le « lundi Rosa » est considéré par les gays et les lesbiennes de Francfort comme le jour des rencontres de consolation.
Egalement à cette occasion, on fait une grande fête. La Dippemess de printemps est traditionnellement inaugurée et terminée avec des spectacles de feux d'artifice impressionnants qui sont suivis, dans toute leur splendeur, par des habitants de Francfort des zones voisines de Bornheimer Hanh et de Lohrberg.

Bornheim, U7 Eissporthalle, Heures d'ouverture : printemps (avril), automne (septembre) lundi-jeudi 14-23h, vendredi et dimanche 14-24h, dimanche 12-23h

LE LUNDI DE PENTECOTE ON VA À LA WÄLDSCHE

Au milieu de la Stadtwald dite « Wäldche », le mardi après la Pentecôte ; les Francfortois célèbrent depuis des siècles leur fête nationale, le « Wäldchestag ». A deux pas de la Commerzbank-Arena, dans le sud de la ville, a lieu le week-end prolongé de la Pentecôte une grande fête populaire. Ses origines remontes aux danses païennes de printemps et à des pique-niques de printemps organisés par des garçons et des filles de ferme de Francfort après avoir fait sortir le bétail dans les prés. Certaines entreprises à Francfort accordent à leurs employés une demi-journée de vacances et il n'est pas rare que des groupes d'employés et leurs responsables prennent un bocal de bière fraîche et s'assoient sous les arbres. la Grande Roue bien visible de loin annonce 4 jours de l'ambiance estivale. Plus de cent milles visiteurs vont à la foire pour prendre du vin de pommes, du Handkäs (un fromage typique) et écouter de la musique.

Avec « les enfants et les quilles pour manger et les boissons pour se divertir dans la « Wäldche » sont attendus le mardi soir à environ 18h les personnages illustres de la ville. Les dames et messieurs de la magistrature et de l'Assemblée des députés de la ville s'exercent au tir sportif à l'intérieur l'édifice de tir de l'ancienne Oberforsthaus – au plaisir des spectateurs.

Sachsenhausen, ligne de tramway 21 et des trains spéciaux, station d'arrêt Oberforsthaus,
Heures d'ouverture le lundi de Pentecôte : samedi et dimanche 12-1h, lundi et mardi 12-24h.

MARRONS CUITS ET GRANDES SONNERIES DE LA VILLE

Le marché de Noël, toujours plein d'ambiance de fête, avec des étaux et le carrousel, transforme la Römerberg en mer de lumière. Les marrons cuits, le punch pour les enfants et le vin brûlé font que les jours d'hiver semblent plus doux. Le voyage en train à vapeur et la ligne de chemin de fer historique qui commence à Mainkai sont toujours une distraction préférée pour les parents et leurs enfants.

Conformément à la tradition, le marché de Noël est inauguré la dernière semaine de novembre avec une sonnerie de cloches de l'Alte Nikolai-

kirche, un exposé solennel de maire de la ville et un joueur de trompette qui sort et joue sur le balcon de l'Alte Nikolaikirche. Les trompettistes se font entendre le mercredi et le samedi à 18h, et les cloches de l'Alte Nikolaikirche sonnent tous les jours à 9.05h, 12.05h et 17.05h. Tous les ans, les expositions des œuvres créés par les artistes de la ville constituent une vraie curiosité et elles font partie intégrante du marché de Noël qui remonte à 1393. Leurs ouvrages, entre autre, des tableaux, des sculptures et des décorations, sont exposés dans des halles du Römer et dans la Pauluskirche.

Selon la tradition, un sapin de 30m d'hauteur est un cadeau d'hôte offert par une ville alliée. Décoré de 5000 lampes, 150 cloches d'or et des

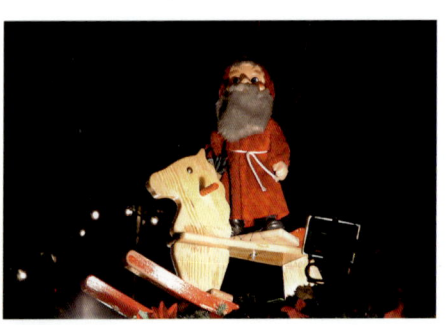

rubans rouges, le sapin de Noël installé sur la Römerberg est un symbole bien visible de loin. Après la fermeture du marché de Noël, le soir du réveillon, à partir de 17h, la ville de Francfort invite ses habitants à un concert de recueillement qui a lieu en plein air. Depuis dix églises voisines se fait entendre « le carillon de 50 cloches de Francfort ».

*Römer, U4/5 Römer, heures d'ouverture : lundi-samedi 10-21h, dimanche 11-20h, les informations à jour sur tous les événements du marché de Noël sont à trouver en novembre et décembre su **www.frankfurt.de***

MAGISTRAL ! UNE FETE RETENTISSANTE DE CULTURE DES MILLIONS DES PERSONNES

Quelque chose de superlatif dans « la plus petite métropole du monde ». En moyenne, environ 3 millions des personnes se rendent à la Museums-uferfest, fête de la rive aux musées de deux cotés du Main. Durant toute une fin de semaine, en principe à la fin du mois d'août, les visiteurs du monde entier et des habitants du Francfort se retrouvent au bord du fleuve pour danser et faire la fête, pour faire une pause et flâner. Sur des dizaines de scènes plus grandes et plus petites se produisent des

musiciens, des acteurs et de cabaretiers entourés de centaines de tentes de l'initiative artistique montées sur les deux rives du Main.

Durant cette fin de semaine exceptionnelle, des événements uniques ont lieu dans les 20 musées qui emperlent des rives nord et sud ou qui se trouvent près de la Römerberg. Ces dernières proposent aux visiteurs des programmes particuliers, des tours divertissants et des jeux de groupe pour les enfants et les adolescents. A part le tumulte, tous les invités ont une occasion et le temps de se retirer dans une salle d'exposition, laisser un peu d'espace à l'art et jouir la quiétude.

Bien évidemment, pendant cette fin de semaine un peu folle, le Main lui-même joue le rôle principal. Des cours rapides de barques dragons, organisés samedi et dimanche, commencent tôt le matin et finissent tard dans l'après-midi. Les régates démarrent à la hauteur du pont Flößerbrücke et elles doivent parcourir à contre-courant une distance de 300 mètres. Parmi les sportifs il y a également des Dragonboats-Teams venant de la métropole chinoise Guangzhou (Canton), ville jumelée de Francfort. Dimanche soir, sur tous les ponts de Francfort et les rives du Main se rassemblent les fans pour célébrer la fin ce magnifique spectacle de l'art et de la culture avec des feux d'artifice et un mélange impressionnant de musique et de couleurs.

City, U4/5 Römer ou Sachsenhausen, U1/2/3 Schweitzer Paltz,
Ouvert à partir d'environ 10h
Un programme détaillé de la Museumsuferfest est publié en principe
au début d'été et il est facilement trouvable sur les websites
www.museumsuferfest-frankfurt.de *et*
www.frankfurt.de.

REGARDER AU FOND DU BOCALE

La vérité est dans le vin ! Si les habitants de Francfort tiennent à coeur ce grand festival du centre de la ville, c'est pour la raison de Rheingauer, marché du vin qui a lieu dans la Fressgass. On y présente plus de 600 vins et vins mousseux provenant directement des vignobles de Rheingau voisin.

Ça fait déjà plus de 25 ans que la Fressgass se transforme pour 14 jours en un plateforme de dégustation, où les connaisseurs goûtent de forts Rieslings, des Cuvées élégants ou des Beerenauslesen raffinés. A midi, le marché du vin attire les employés des bureaux qui profitent de son proximité pour se rafraîchir avec un verre de Riesling-Sekt. On renonce à des scènes avec de la musique, car les visiteurs sont beaucoup trop préoccupés d'eux-mêmes, de viticulteurs et de bon vin.

City, U6/7 Alte Oper,
Fin d'août

Tous les jours 11-23h

Le long
du Main

LEVER L'ANCRE ET SE RELAXER

Qui veut fuir le stress quotidien, la meilleure chose qu'il a à faire c'est de lever l'ancre à Francfort. Il n'y a rien de plus relaxant que de faire une balade journalière sur le Main – tout seul ou avec des amis. La devise est: décrocher et laisser pendouiller son âme. La compagnie de navigation Anton Neuheimer offre depuis des générations les balades sur le Main, avec le courant ou à contre-courant, à partir du Mainkai de Francfort. On peut acheter des tickets pour aller jusqu'à Seligenstadt aux confins du land de la Hesse ou jusqu'à Aschaffenburg en Bavière. En tout cas, ça vaut la peine d'y visiter le château de Johanissburg et aussi le Pompejanum, reconstruction idéale d'une habitation romaine avec un sol en mosaïque et des parois de locaux revêtues de couleurs splendides. Des balades journalières à Rüdesheim ou à Bingen sont aussi relaxantes que les croisières avec un dîner ou les After-Work-Shippings. Pendant la période de la foire ou dans le cas des événements sportifs internationaux, les hôtels – bateaux sont très recherchés aussi par les sociétés que par les personnes privées. A part leur charme incomparable, ils offrent un autre avantage stratégique, à savoir : seulement en 2 minutes à pied, on arrive à la Römerberg et à l'église de St. Paul.

Les programmes des excursions en bateau à Seligenstadt, Aschaffenburg, Rüdesheim et Bingen remis à jour sont accessibles chez l'employé de la Primus-Linie. Pour un supplément d'information veuillez visiter www.primus-linie.de

DECOUVRIR FRANCFORT : PER PEDES OU PER PEDALE

Les Francfortois adorent le Main. De nouvelles zones d'habitations sur les rives du Westhafen et d'Osthafen sont la meilleure preuve de ce que cela

fait un plaisir aux gens d'habiter au bord de ce fleuve. La Uferpromenade invite à l'explorer, soit lors d'une balade en été (au soir), soit à vélo ou en patins en ligne.

Le symbole du Westhafen moderne est facile à reconnaître de très loin : la Westhafen Tower à l'entrée du pont Untermainbrücke ressemble, à cause de ses rayons diagonaux, à un verre de vin de pommes bien connu aux habitants de

Francfort et, par conséquent, ils l'appellent « das Gerippte ». Aux pieds de ce gratte-ciel, il y a un quai où les habitants peuvent fixer leurs propres yachts et leurs vedettes rapides.

L'excursion commence ici et elle continue le long du Mainkai dans la direction est. Après quelques centaines de mètres, on tombe sur le « Nizza », endroit très apprécié pour y faire des escapades. Au soir, le restaurant construit sur le mur de soutènement de la rive du

Main avec une belle vue sur le fleuve, est très volontiers fréquenté par des fans de la musique classique sortant de l'Opéra voisin ou par ceux du théâtre.

En passant à coté de la passerelle Holbeinsteg futuriste, au coin de la Römerberg, on voit apparaître un autre point panoramique, l'Eiserne Steg et la Rententurm. Depuis des ponts pour les piétons, le panorama de la ville est particulièrement belle, d'autant plus que les rives et les ponts sont illuminés. Le parcours finit dans l'est, près de l'ancien arsenal Wesseler Werft. En été, on ouvre ici un Open-Air-Café avec des snacks et du bon vin. Sur la grande place avec la grue historique du port, se produisent souvent des acteurs et musiciens.

ATTENTION

Une balade « du Westhafen au Wesseler Werft » prend 90 mn à pied ou bien, 20 mn à vélo.

Si on s'éloigne encore un peu de la ville et on arrive au Flößelbrücke, on peut passer de l'autre coté du Main et continuer sa balade à contre-courant du fleuve. En prenant la direction d'Offenbach, on arrive au « Ruderdorf » où sont localisés des sièges de différents clubs d'aviron. En été, c'est un endroit idéal pour y faire une pause et se reposer.

Encore plus loin, le moulin historique Gerbermühle et la brasserie qui en fait partie intégrante, attendent le visiteur assoiffé. Déjà au temps de Goethe, le moulin Gerber était une destination préférée et Goethe lui-même y a fêté son 66-ème anniversaire. Après des travaux de rénovation profonde, le moulin Gerber sera rouvert au public début 2006.

ATTENTION

De ce coté du Main, le chemin conduit à Offenbach, Hanau, Selingenstadt jusqu'à

Aschaffenburg. Des poteaux indicateurs en bois informent à chaque fois sur les

directions et les distances à parcourir.

Francfort
actif

Francfort c'est une ville de sport et Johann Wolfgang Geothe est la personne la plus adéquate pour le certifier. A l'époque, il patinait avec enthousiasme sur le Main gelé. Francfort est un vrai Dorado pour environ 140 000 amateurs du sport et des sportifs professionnels et des athlètes olympiques. Plus de 430 associations de sport, une douzaine de clubs de sport professionnels, des compétitions internationales et la base olympique de Francfort à la Stadtwald offrent aux sportifs toutes les possibilités qu'ils peuvent imaginer. Indépendamment de ce que vous êtes spectateurs ou vous encouragez seulement à faire du sport : le sport fascine tout le monde.

BALLON, FOOTBALL, ROCK'N ROLL: S'INICIER A L'ARENE

Depuis longtemps, les habitants de Francfort sont passionnément liés à leurs associations de football. Avant tout à l'Eintracht Frankfurt, club professionnel de la première division de Bundesliga. Ça fait déjà plus de 100 ans que les « Aigles » jouent sur le Main – aussi longtemps que le FSV Frankfurt qui se trouve en deuxième division. Quand les footballeurs de « l'Eintracht » de Francfort jouent « à la maison », ils peuvent être sûr

de jouer sur un stade complètement plein de fans qui leurs sont fidèles. Mais que signifie aujourd'hui « la Maison » ! La nouvelle Commerzbank-Arena ouverte en 2005, a été construite sur le terrain du Waldstadion précédent, très riche en tradition. Futuriste comme un OVNI, le stade de football adapté à la coupe du monde, est localisé au milieu de la Stadtwald de Francfort. L'Arena a confirmé lors de FIFA Confederations Cup 2005 le baptême quasi légendaire du feu olympique pour la Coupe du monde 2006. L'Arena qui peut contenir 52 300 spectateurs, possède un « cabrio », toit formé par une bâche, dont la partie centrale peut être dépliée et repliée en quelques minutes au-dessus du terrain. Sous cette bâche, résistant au vent et à la pluie, se situe une charpente faite de câbles et d'acier, supportant la toiture, unique au monde. A part les matchs de football fascinants, sur ce stade joue contre ses adversaires également le Footballteam de Frankfurt Galaxy, toujours dans une ambiance de grande fête. « The egg is back » - c'est la devise de chaque saison nouvelle et les Cheerleaders se mettent à le confirmer en chantant fort. Equipée de technologies modernes, la Commerzbank-Arena est aussi bien équipée pour qu'on puisse y organiser des événements de musique internationaux. Qui s'étonne que le nouveau stade de Francfort a été de suite réservé par les Rolling Stones, chanteurs de rock légendaires ?

Trafic local : S7-S9 Sportfeld, Plans des jeux et autres informations utiles sur:
www.commerzbank-arena.de, www.eintracht.de *et* **www.frankfurt-galaxy.de**

LES DAMES DU FOOTBALL DE FRANCFORT : TOUT SIMPLEMENT CHAMPIONNES DU MONDE

C'est très simple. Les champions du monde 2003 étaient d'origine de Francfort ! Cependant, les fans acharnés des footballeurs de Francfort doivent toujours éclaircir les personnes mal informées que la Coupe du monde a été remportée le 12 octobre par l'équipe de football nationale composée de femmes. Et la métropole sur le Main a bien raison d'en être fière, car le club de football de femmes 1.FFC Frankfurt et son prédécesseur, le SG Praunheim, renvoient à une tradition de plus de 30 ans. A ce jour, ce sont les trois joueuses de football : Steffi Jones, Nia Künzer et bien sûr, la triple joueuse de l'année du monde, Birgit Prinz qui écrivent l'histoire du football. Egalement l'école du football pour les filles, dirigée depuis longtemps par Monika Staab, met en œuvre de nouveaux standards afin d'encourager de nouveaux talents. Qu'est-ce qui réjouit

le plus les fans des joueuses de football de Francfort : l'humeur et
l'ambiance sur le petit stade de Francfort près de Brentanobad est et
restera unique.

Trafic local : Rödellheim U6 Fischstein, Pour en savoir plus, **www.ffc-frankfurt.de**

COURSES CYCLISTES RAPIDES :
« TOUT AUTOUR DE LA HENNINGER TURM »

Francfort aime ses cyclistes ! La ville transforme sans cesse son réseau
des routes de manière à ce que les cyclistes puissent se déplacer de
façon plus commode et sécurisée. Cependant, l'association à un vélo et
au cyclisme professionnel existe depuis beaucoup plus longtemps. En
1962, les frères Moos de Francfort ont instauré la course « Rund um den
Henninger Turm », course journalière internationale qui avait lieu le 1 mai
de chaque année. Jusqu'à nos jours, cette course classique dure « Rund
um den Henninger Turm », avec un parcours de 200km, est toujours
prise en considération dans les plannings des équipes de cyclistes internationales. Environ 180 cyclistes professionnels, ainsi que 1000 jeunes
cyclistes et 4000 amateurs de vélo de toutes les classes d'âge, se battent
pour arriver parcourir en premier les dernières lignes droites du Sachsenhäuser Berg escarpé. Près de 1,5 millions spectateurs suivent cette
course cycliste rapide, dont certaines étapes se déroulent sur les coteaux
abrupts sud de Taunus. Eric Zabel, triple vainqueur de la course « Rund

um den Henninger Turm », aime bien l'ambiance de cette course :
« Pour moi, la course « Rund um den Henninger Turm » est la course la
plus importante de toute Allemagne ».

Informations supplémentaires : ***www.henninger-rennen.de***

INFAILLIBLE –
DANS LA CITE DE BASKETBALL – MAINHATTAN

Les joueurs de basket-ball professionnels du Deutsche Bank Skyliners ont
gagné à Francfort une vraie communauté de fans. Il y a quelque temps,
c'est grâce à Pascal Roller, leur Guard et joueur de la nationale, qu'on a
attribué au club qui joue à « Mainhattan » depuis 1999, l'ambiance
froissante de NBA. Dans la Ballsporthalle de Francfort, les fans sont toujours très enthousiastes quand leur équipe joue à la maison. Les joueurs
de basket de Francfort, champions d'Allemagne 2004, remporteront-ils
encore une autre victoire et puis, par conséquent, la Coupe d'Europe ?

Trafic local : S1/2 Frankfurt/Höchst, puis les bus 50/54 Farbwerksbad/Ballsporthalle
Informations supplémentaires : ***www.deutsche-bank-skyliners.de***

POUR DE VRAIS HOMMES ET FEMMES D'ACIER

« Le plus long et le plus dur jour de l'année » comence en juillet, dimanche matin à 7h, à Francfort-sur-le-Main, au bord d'un lac dans la forêt. Le

prêtre bénie les athlètes, le premier ministre leurs souhaite bonne chance et ensuite, on entend le hymne national. La légende « Ironman European Championship » commence de nouveau. Le programme que les 2 000 femmes et hommes athlètes venant de plus de 40 pays vont réaliser lors de 16 heures à venir, dépasse les limites de l'imagination de simples amateurs de sport : 3,8km en natation, 180km à vélo à travers Francfort et les régions rurales situées au nord de la ville et finalement, un Marathon classique (42,195km) le long du Main – c'est ce à ce que font face des héros des sports extrêmes. Avant 23h, ils doivent atteindre la Römerberg à Francfort – une question d'honneur. En récompense de leurs efforts, on organise un festival incomparable avec la participation des

milles fans montés aux tribunes. Cette grande fête ne finit que tard le soir. En plein été, dans des températures extrêmement élevées - the hotter – the better ! (plus ça chauffe, mieux c'est !), ont lieu des qualifications de meilleurs femmes et hommes athlètes à la finale d'Ironman Triathlon à Hawaï. Normann Stadler, Opel Ironman Germany Champion, confesse : « à part cela, aucun autre événement ne te donne une telle sensation de chaire de poule. Les compétitions à Francfort constituent un laissez-passer à Hawaï ». Ce dimanche, dans la région de Main-Rain, des centaines de milles des « assistants » descendent dans les rues pour passer des bouteilles d'eau aux sportifs – et ils les encouragent à faire des efforts encore plus spectaculaires. Le nombre des rues qui sont fermées ce jour-là à cause des triathlètes n'a aucune importance. A cette occasion, on déclare un « état d'urgence » à Francfort et dans toute la région.

Aloha in Frankfurt : ***www.ironman.de***

TAPIS ROUGE SUR LA DENIERE LIGNE DROITE

Le Messe Frankfurt Marathon est la course de Marathon la plus renommée en Europe. Son parcours plat et rapide à travers la City et les quartiers de Francfort voisins, est le plus préféré par les coureurs. En tant qu'une des dernières courses de l'année (à la fin d'octobre), ce Marathon citadin, le plus ancien en Allemagne, jouit d'une très bonne réputation parmi les

sportifs professionnels internationaux et des amateurs de la course acharnés. Le temps n'a pas d'importance ce dimanche-là. Sous le soleil ou sous la pluie, un tapis rouge conduit tous les « finisheurs » à la « Gudd Stubb », halle de fête sur le terrain de la Foire, aux pieds de la Messeturm. Particulièrement aimé par la jeune génération des marathoniens : le programme sportif cadre pou les enfants et les adolescents, la course de « Pierre l'Ebouriffé » (420 mètres), le Marathon mini (4,2 km), ainsi que la « Brezellauf », course de Brezel, organisée pour tous les amateurs de course à travers le centre de la ville (5 km).

*Informations supplémentaires sur: **www.frankfurt-marathon.com***

LIONS DANS LA METROPOLITAINE

Si un vendredi soir, quand il n'est pas encore très tard, vous rencontrez dans une station de métro métropolitain des Francfortois détendus et habillés comme des guerriers, avec des protecteurs de genoux, des écharpes épaisses et des T-shirts XXL, vous pouvez être sûrs que d'ici une heure au plus tard aura lieu une rencontre exceptionnelle à Francfort : des Pingouins, des Scorpions, des Tigres et des Requins se sont rendus à l'Eissporthalle de Francfort pour stimuler l'esprit combattant des Frankfurt Lions et la participation active de tous ses fans. Depuis sa création en 1994, l'équipe d'hockey sur glace de Francfort a connu des moments de victoire splendides et aussi quelques moments de tristesse. Et pourtant, ses fans ont toujours été à ses cotés et ils s'identifiaient toujours avec les joueurs du club : « La victoire est au coeur ». Le soir, l'Eissporthalle de Francfort est le lieu de rencontre des familles de la grande et acharnée communauté de l'hockey sur glace.

Trafic local : U7 Eissporthalle /Festplatz, Informations supplémentaires sur: www.frankfurt-lions.de

DEUX HEURES ET DEMI DE DIVERTISSEMENT GUARANTIES SUR DIX ROULETTES

Au soir, deux voitures de police se frayent le chemin au centre de la ville, et les piétons sont pas mal étonnés. Chaque mardi entre mars et octobre, derrière les voitures de police roule sur des roulettes une démonstration sportive impressionnante. Entre 800 et 3 000 mille « Tuesday Night Skater » ne se laissent pas priver de ce privilège et ils mugissent sur leurs roulettes comme un fleuve à travers la City à une vitesse remarquable. Les parcours de soir ont entre 35 et 42 kilomètres de longueur et le serpent des Skater illuminés s'étend sur une distance de quelques centaines de mètres. A 20.30h pile, les « Tuesday Night Skater » démarrent à la rive des seigneurs d'Allemagne, aux alentours de l'Alte Brücke/Ignatz-Bubis-Brücke/Frankensteiner Platz. En principe, à 23.00h, le cortège des patineurs à roulettes retourne au point de départ. Avant et après cet événement, ils se rencontrent tous au café « Zwischendurch » dans la Dreieichstrasse 34.

ATTENTION

Le « Tuesday Night Skating » n'est pas recommandé aux amateurs. Il est exigé que les participants sachent maîtriser les patins à roulettes et freiner en toute sécurité. Pour maintenir le lieu de patinage clos et éviter les accidents, le trie des patineurs à roulettes inexpérimentés est obligatoire. Ne pas oublier l'équipement de protection (casques et protecteurs).

Informations supplémentaires sur : **www.t-n-s.de**

LA COURSE DE RESISTENCE DE MAINHATTAN A MANHATTAN

En été, dans la City de Francfort, les ingénieurs enlèvent leurs cravates et les employées des banques préfèrent un T-shirt et un Base-Cap au chemisier, parce que pour cette plus grande compétition de l'athlétique légère, JPMorgan Chase Corporate Challenge (JPMCCC) qui a lieu à Francfort-sur-le-Main, il est recommandé de mettre des habits commodes.
Plus de 58 000 coureurs de plus de 2 000 sociétés de toute Allemagne et des pays voisins viennent à Francfort pour cette course d'entreprise dont le parcours se chiffre à 5,6 km. Les groupes de quatre (hommes, femmes et groupes mixtes) d'une société donnée ont également le droit de participer à la course. Après le démarrage double dans la Hochstrasse et dans la Börsenstrasse, le parcours de la course continue à travers l'Eschenheimer Landstrasse et puis, il conduit vers le nord, dans la direction de la Bremer

Strasse et le Reuterweg. Ensuite, le parcours conduit à coté d'Alte Oper et par la zone des gratte-ciels impressionnants pour prendre fin au Senkenberg. La motivation, la performance et l'esprit de groupe caractérisent la course d'entre-prise, dont les vainqueurs prendront l'avion pour le Championship à Manhattan, où seront identifiés les meilleurs coureurs du monde.

*Informations supplémentaires sur : **www.jpmccc.de***

PARCOURS DE COURSE A FRANCFORT

Aux personnes excitées par de nombreuses possibilités de faire du sport ou à celles qui ne veulent renoncer à leur training quotidien, la ville de Francfort offre tout au centre un grand choix de parcours de course magnifiques. Le parcours le plus simple est celui le long du Main, du coté de Sachsenhäuser. Surtout dans le cas des courses de résistance, ce coté du Main offre une pos-sibilité de prolonger le parcours en fonction de la performance du coureur. Malheureusement, pour retourner au centre de la ville, il faut prendre le mê-me chemin. Cependant, cela facilite énormément l'orientation sur le terrain.

City, U6/7 Römer, sortie Römer

Les personnes qui aiment mieux des parcours circulaires et des terrains escarpés et qui n'aiment pas être comme les autres, ont à leur disposition le Grüneburgpark. La longueur du sentier circulaire externe est de 3 km et il conduit sous les arbres qui font de l'ombre.

Westend, U6/7 Westend, sortie Siesmayerstrasse

Un peu plus exigeante, en ce qui concerne la longueur du parcours et la capa-cité de l'orientation sur le terrain, les la course dans le Nidda-Park. A l'époque, ce grand parc a été le lieu d'observation de la Bundesgartenschau et souvent, il est désigné encore aujourd'hui le Buga-Park. A cause des multiples sentiers latéraux et de nombreux passages, il n'est pas difficile du tout de se détourner du bon chemin. En tout cas, dans les heures des courses « normales », on peut toujours rencontrer des compagnons qui sont prêt à indiquer le bon chemin.

Ginnheim, U1 Niddapark

Rhythm
is it

Francfort et le jazz – cette relation existait depuis longtemps, avant que le GI américain ait caractérisé la musique et la vie nocturne de la ville. Et elle existe jusqu'à présent. Deux des plus influents musiciens de jazz allemands, les frères Albert et Emil Mangelsdorff, étaient d'origine de Francfort, et le festival de jazz annuel de la Hessische Rundfunk jouit de la renommée mondiale. Depuis plus de 15 ans, le Département de la culture et du loisir attribue une bourse de travail de jazz aux musiciens de Francfort et de ses alentours. Il n'est pas possible de s'imaginer la ville sur le Main sans jazz et de nombreux live clubs incitent à la vie nocturne en rythme de jazz et d'autres genres de musique.

JAZZKELLER

L'entrée est cachée derrière une façade d'immeuble de bureaux et ensuite, il faut descendre quelques marches : après un petit tournant à gauche s'ouvre enfin la cave voûtée du plus ancien club de jazz en Allemagne. Créé en 1952 sous le nom « domicile de jazz », le Jazzkeller, comme il s'appelle depuis longtemps, est aménagé de façon très autochtone et antique. Ici, ce n'est pas le style qui compte. Ce qui compte ici, c'est le feeling et la musique. Ella Fitzgerald, Louis Armstrong, Chet Backer : ils ont tous été ici, ce que montre une vieille galerie de photos accrochés aux murs. Le Jazzkeller de Francfort est un club de jazz qui jouit d'une renommée internationale. A ce jour, c'est Augen Hahn qui en est le chef. Grâce à l'enthousiasme pour « sa » musique, ce ex musicien professionnel fait connaître à des musiciens de jazz émergeants des artistes actuels tel que Ernie Watts, Claire Martin ou Peter Tusche.

*City, Kleine Bockenheimer Straße 18 a, tél. 069 288537, ouvert pour les concerts du soir et le vendredi à partir de 22h en tant que discothèque, **www.jazzkeller.com***

ATTENTION

Chaque vendredi soir, à partir de 22h, dans le Jazzkeller c'est la Dancenight. Jusqu'à 3h du matin, on danse aux rythmes de swing, de musique latine et de funky pour commencer ainsi la fin de semaine.

SINKKASTEN

Si on entre par la porte marronne peu impressionnante et on monte quelques escaliers, on arrive au Sinkkasten, situé au premier étage. Ici ont joué Herbie Hancock, Jan Gabarek et Rosenstoltz. Le club, créé il y a 35 ans, offre une gamme d'événements très variée, à partir de la musique mondiale, par le blues et le jazz, jusqu'à la comédie – suivant la devise : «

est autorisé tout ce qui plaît ». Après les spectacles, le local se transforme en discothèque. Le public adore son ambiance bien particulière et les habits décontractés. Ici, on met ce qu'on veut : soit un jean et un T-shirt, soit un costume élégant et personne n'est regardé de travers. Qui a besoin de se reposer après avoir beaucoup dansé, il peut prendre un snack et une boisson et reprendre son souffle au Café Treibhaus.

*City, Brönnerstraße 5-9, tél. 069 280385, U4-U7 S-Bahn Konstablerwache, Heures d'ouverture: mardi – jeudi à partir de 20h, vendredi-dimanche à partir de 21h, **www.sinkkasten-frankfurt.de***

BLUES AND BEYOND

Cette localisation de blues est un poussin sur la scène des live - clubs de Francfort. Ce n'est que depuis 2000 qu'il y a une association « Friends of Blues » qui est très impliquée dans l'organisation des concerts de blues dans le club de Bornheim. Le lundi, pendant les jam-sessions, des ambitions de musiciens peuvent se mélanger.

*Bornheim, Berger Straße 159, tél. 069 46990987, U4 Bornheim Mitte, Heures d'ouverture: mercredi – lundi à partir de 20h, **www.bluesandbeyond.de***

JAZZ AND ROCK'N'ROLL SUR LE QUAI

Le « Musiklokal Südbahnhof » au périphérique de Sachsenhäuser, quartier des tavernes, est une institution très originale de Francfort. La salle des spectacles dans la salle ferroviaire historique est particulièrement appréciée par les fans de la musique des oldies, du rock'n'roll, du jazz et des tubes. Ici, on peut entendre jouer d'innombrables bands de Francfort qui en partie sont actifs depuis plus de 20 ans. Beatles Revival band, groupe international qui a eu du succès à travers le monde entier en est un exemple. La musique live n'est pas offerte seulement le soir, mais aussi le dimanche à midi à partir de 12h.

*Sachsenhausen, Südbahnhof, tél. 0700 22783253, U1/2/3 Südbahnhof, **www.suedbahnhof.de***

UN VRAI REFUGE DE SPECTACLES

La « Batschkapp » signifie dans le dialecte francfortois rien de plus qu'une vieille casquette que l'on met sur la tête en plein hiver. Ceci est

recommandé avant les concerts qui ont lieu dans la salle des spectacles au nord de la ville, car ici, avant l'ouverture de la « Batschkapp », les fans sont déjà obligés de faire la queue. Cependant, la grande communauté

des bands indépendants et alternatifs fidèles, Hiphop-Combos, Crossover et rock-bands, ne l'admet pas du tout.

L'ambiance qui règne dans ce refuge des spectacles est détendue, décontractée. Les discos « Idiot Ballrooms »

sont déjà passées à la légende. Peut-être le secret du succès de la « Batschkapp » consiste à ce que depuis 30 ans, elle sait présenter aussi bien les newcomers de différents genres de musique inconnus que les vedettes internationales. Les concerts de jazzrock et de jazzfunk font constamment partie du répertoire.

*Heddernheim, Maybachstraße 24, Tél. 069 95218410, U1/2/3 Heddernheim, **www.batschkapp.de***

IN THE MOOD FOR JAZZ

Le Mampf offre de la musique live à toucher au sens propre du terme. Sur cette probablement la plus petite scène live en Allemagne on est

très proche proche, comme dans le programme. En moyenne, trois concerts de jazz par semaine attirent les fans du jazz sur le Sandweg et le montant que l'on doit payer pour cette culture, s'élève en principe à 3 Euros/personne à partir de 20.30h.

Bornheim, Sandweg 64, tél. 069 448674, heures d'ouverture : samedi – jeudi 18-1h, vendredi et samedi 18-2h, www.mampf-jazz.de

D'autres références concernant la vie nocturne à Francfort dans le chapitre Francfort invite !

Specialites de Francfort COSES QUI FONT SONGER (FRANCFORT)

APPFELWEIN, VIN DE POMMES

En particulier à Sachsenhausen, Bornheim et autres vieux quartiers de la ville, on peut encore trouver à l'extérieur des maisons les Reisigkränze, des couronnes, symbole de reconnaissance de la taverne où on serve du vin de pommes. L'«Ebbelwei» a une longue tradition à qui ont donné naissance des cultivateurs de fruits aux alentours de Francfort. Cette tradition remonte au XVIII-ème siècle. A ce jour, comme c'était avant, il y a dans la région une grande diversité de pommes douces et acides. Encore à l'heure contemporaine, certains locaux produisent du vin à leur propre compte. La boisson nationale de Francfort est assez acide et normalement, on commence à l'apprécier après en avoir bu au moins 3 verres. Le moût fermeté des pommes favorise cependant la digestion et le vin de pommes se boit toujours en compagnie. Le « Stöffche » n'est pas servi en verres, mais dans des « bembels », carafes de céramique grise peintes en bleu. D'habitude, on commence par une carafe de vin de pommes où rentrent 5 verres de cette boisson et on peut finir par une carafe de 4 litres. Il est conseillé aux débutants de commander également une bouteille d'eau minérale.

Ainsi, chacun peut décider s'il prend du vin de pommes pur ou bien, s'il va le déguster en version « acide effervescent », mélangé avec de l'eau minérale. Cette boisson est très volontiers commandée surtout quand il fait très chaud et il n'est pas rare que certains dégustateurs ne notent son contenu en alcool que juste avant de rentrer à la maison. Même si quelqu'un n'apprécie pas autant le goût acide, il ne devrait commander du « sucré effervescent » (mélangé avec de la limande au lieu de l'eau) que dans des cas extrêmes. Dans certaines tavernes plus traditionnelles, où on serve du vin de pommes, on risque d'être regardé de travers ou de devenir objet des plaisanteries crûes.

> **ATTENTION**
>
> Les week-ends e les jours fériés, on peut se promener en « Ebbelwei – Express », tramway historique, dont le parcours circulaire relie le Zoo, le centre de la ville et le Sachsenhausen. Lors de cette promenade qui dure environ 1h, le « Stöffche » ne peut y manquer, bien évidemment. Ainsi, les curiosités de la ville se laissent admirer d'une façon plus agréable, avec du vin de pommes, du jus de pommes, de l'eau minérale et les Laugenbretzel. Informations sur : www.vgf-ffm.de ou www.stoeffche.de

HANDKÄS, RIPPCHE E GRIE'SOSS

Il n'est pas recommandé de boire trop de « Stöffche » sans une bonne base. Le « Handkäs mit Musik », fromage mariné avec des oignions, est déjà une base solide. Ce fromage jaune – blanc rigide est produit sur la base du lait caillé. Normalement, il est servi avec de la vinaigrette de Francfort, mélange d'huile, de vinaigre, de sel et de poivre, avec du cumin au choix. Et les oignions sont responsables de

la « musique », air à l'intérieur des intestins. D'autres spécialités de Francfort sont également plutôt assez fortes. Le vin de pommes est souvent accompagné de Rippche, Schäufelche ou d'Haspel, en principe servis avec de la choucroute et de la purée et dans les variantes plus petites également avec du pain. La cuisine traditionnelle de Francfort offrait exclusivement des plats cuits, mais à ce jour, on y sert aussi des plats grillés. Par rapport aux spécialités mentionnées ci-dessus, la Grie' Soss, sauce verte, paraît beaucoup plus légère. Elle faisait partie des plats préférés de Goethe, bien qu'elle n'ait été préparée que par sa mère. Elle ennoblie le Tafelspiz (une sorte de bifteck). Elle peut se manger seulement avec des pommes de terre et quatre moitiés des œufs. Les sept herbes, hachés avec un hachoir, sont obligatoires – c'est la garantie d'avoir fait une Grie' Soss originale. Et pourtant, il n'existe pas de recette fixe. Les opinions sont partagées, surtout quand on aborde le sujet : « avec ou sans mayonnaise ». Afin de ne pas être obligé chaque fois d'acheter sept bottes d'herbes différentes telles que le persil, la pimprenelle, la ciboulette, le

cresson, le cerfeuil, l'oseille et la bourrache, il est recommandé d'acheter au marché hebdomadaire des bottes d'herbes mélangées toutes prêtes. Les saucisses de Francfort dans le paquet double sont également très connu à travers le monde entier. cependant, les habitants de Francfort ont une relation beaucoup plus « intime» avec une autre saucisse : dans la ville sur le Main, un autre mot pour désigner la consommation des saucisses et le Gref-Völsings. La Rindwurst, saucisse typique de bovins, est d'origine d'Ostend de Francfort. Elle y a été inventée au XIXème siècle et elle y est toujours produite. La Rindwurst, pauvre en graisse, est vendue de partout où le Gref-Völsings se manifeste et elle a le meilleur goût si vous la mangez après avoir enlevé sa peau. Alors à commander directement sans peau ! Un Schneegestöber, mélange délicieux de camembert, de gervais et de beurre, assaisonné de poivre, de paprika et d'oignons, peut être servi à la fin d'un repas de fête.

BETHMÄNNCHEN & FRANKFURTER KRANZ

La cuisine de Francfort est définitivement forte, cependant, elle offre également des friandises pour les gourmands. Les Bethmännchen sont des gourmandises faits sur la base du massepain et des amandes. C'est une recette de famille Bethmann qui a donné le nom à ces petits délices. Le père Simon Moritz était conseiller de la cille de Francfort. Quand la mère préparait la tarte, elle mettait des moitiés d'amandes dans des boules de pâte pour chacun de ses quatre fils. Quand un fils a décédé, la quatrième moitié de l'amande a été laissée de coté et depuis, les Bethmännchen sont fourrés seulement de trois moitiés d'amandes. Par contre, le Frankfurter Kranz (la couronne de Francfort), couronnant chaque table de café, est beaucoup plus puissante. Les pâtissiers de Francfort préparent ce délice très calorique sur la base de la crème de beurre – c'est un vrai affront pour les fanatiques de la maigreur.

Faire du shopping
à Francfort

A Francfort, la zone des piétons entre la Hauptwache et la Konstablerwache est l'une des zones commerciales avec le plus grand volume de ventes en Allemagne. Presque toutes les chaînes de magasins ont leurs filiales dans la Zeil. Le luxe et la mode créée par des designers internationaux sont à trouver quelques pas plus loin, dans la Goethestrasse. Les marchés hebdomadaires attirent les clients grâce à leur salubrité et une ambiance confortable. Les offres des magasins de « second hand » sont des fois aussi très attrayantes. Le quartier de petites boutiques originales se trouve dans la direction Bornheim : dans la Berger Strasse.

L'HABIT FAIT LE MOINE

ZEIL   Avant, il n'y avait que des hôtels et des restaurants et le nom « Zeil » date à cette époque-là, car la rue était construite seulement d'un coté. Entre la Konstablerwache et la Hauptwache, de grands magasins de mode offrent des tendances les plus modernes à l'intermédiaire d'au moins une filiale. La Zeil-galerie unie sous son toit 50 magasins et un cinéma Imax. Qui monte jusqu'en haut, a la possibilité d'admirer un panorama vertigineux de la ville. A ce jour, quelques pas plus loin, là, où la cloison du chantier gène la vue, on procède à la réalisation du projet FrankfurtHochVier. On est en train d'y construire un nouveau paradis de shopping avec une superficie de 70 000m2 (voir le chapitre : L'avenir de Francfort).

SHOPPING DANS LA FIFTH AVENUE DE FRANCFORT

GOETHESTRASSE Petite, mais extrêmement noble, la Goethestrasse à Francfort est comparable aux boulevards de commerce internationaux. A première vue, elle fait penser à une galerie. Cette rue de quelques centaines de mètres seulement, entre l'Opernplatz et la Rathenauplatz, offre de tout ce que fait battre le cœur du shopping : Haute Couture de chez Armani ou Gucci, des bijoux scintillants ou un nouveau stylo. Le potentiel de cette rue marchande de luxe permet de satisfaire à tous les besoins d'achat. Pour la

Goethestrasse la règle suivante est en vigueur : en aucun cas ne pas y aller sans carte de crédit. Ci-après quelques exemples de ce qu'on peut y trouver.

CHANEL Une allée de mode sans Chanel n'est pas imaginable, comme Paris n'est pas imaginable sans la Tour d'Eiffel. Chanel Francfort offre un grand éventail de produits de luxe : des vêtements, des montres, des sacs à main, des lunettes de soleil, des parfums, etc.

Goethestraße 10, tél. 069 290976, heures d'ouverture : lundi-vendredi 10-19h, samedi 10-16h, www.chanel.de

LONGCHAMP En 1948, Jean Cassegrain a créé le premier kit d'accessoires en cuir pour la pipe. De nos jours, le magasin offre des sacs à main de toutes les formes et couleurs imaginables, des portefeuilles, des valises, des accessoires de mode et beaucoup d'autres. Des produits similaires sont offerts aussi par la Boutique de Francfort des artistes de cuir parisiens.

Goethestraße 1, tél. 069 13307730, heures d'ouverture : lundi-vendredi 10-19h, samedi 10-16h, www.longchamps.com

SALVATORE FERRAGAMO A part les sandalettes avec des tirants en cuir que l'on attache sensuellement autour des chevilles de dames, le styliste italien offre également des habits pour les hommes d'affaire.

Goethestraße 2, tél. 069 9200730, heures d'ouverture : lundi-vendredi 10-19h, samedi 10-16h, www.salvatoreferragamo.com

CARTIER Les origines du collier remontent au XIXème siècle à Paris. En

1847, Jean-François Cartier a acquis le laboratoire de son maître Adolphe Picard. De nos jours, les montres de chez Cartier constituent un symbole de mesureurs de temps très chers et ses bijoux embellissent des dames de plus hautes classes sociales.

Goethestraße 11, tél. 069 1338660, lundi-vendredi 10-19h, samedi 10-16h, **www.cartier.de**

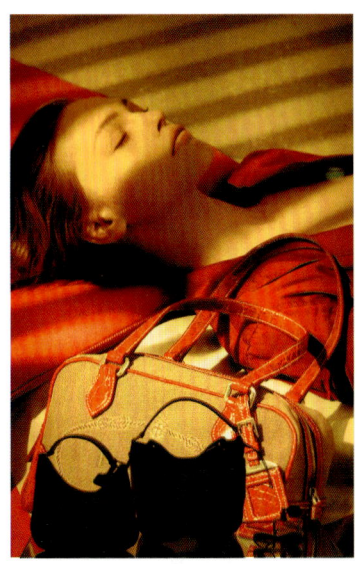

AUGUST PFÜLLER MODE-HAUS C'est une entreprise de famille fondée il y a longtemps qui offre des costumes élégants, des outfits sportifs et décontractés, ainsi que des robes de soir. De plus, August Pfüller est présent à l'aéroport où il a magasin avec des articles pour les enfants.

Goethestraße 15-17 (mode féminine/sous-vêtements), tél. 069 13378060 et Goethestraße 12 (mode pour les enfants), heures d'ouverture : lu-ve 10-19h, sa 10-16h, Magasin pour les enfants à l'aéroport, terminal 1, salle A départs, heures d'ouverture : 7-21.30h, **www.august-pfueller.de**

GUCCI Sur la base d'un petit magasin avec des accessoires d'équitation, dans les années 50 Guccio Gucci a crée une entreprise de vêtements et de bijoux de grande valeur qui est devenue l'une des marques italiennes les plus connues au monde.

Goethestraße 27, tél. 069 9200890, heures d'ouverture : lundi-vendredi 10-19h, samedi 10-18h, **www.gucci.com**

MONT BLANC Depuis des générations, Mont Blanc est connu pour ses stylos de grande valeur. Entre-temps, l'entreprise qui fête justement son 100-ème anniversaire, a élargi sa gamme des produits de luxe et elle offre également des accessoires en cuir, des lunettes de soleil et de montres.

Goethestraße 29, tél. 069 21657968, heures d'ouverture : lundi-vendredi 10-19h, samedi 10-18h, **www.montblanc.com**

GOLDPFEIL A proximité de la Goethestrasse se trouve Goldpfeil, encore un magasin avec des produits en cuire de luxe. Des sacs à main et des accessoires en cuir made in Germany – depuis 150 ans sur le marché – sont surtout préférés par des visiteurs d'Asie.

Kaiserstraße 2-4, tél. 069 281080, lundi-vendredi 10-19h, samedi 10-18h,
www.goldpfeil.de

ATTENTION

A l'est de Francfort, le long d'Hanauer Landstrasse, à part les magasins avec des meubles modernes et des salons automobiles, se sont installés des fabricants d'outlets de marque. Le chemin le long d'Hanauer Strasse n'est pas comparable au centre de la ville, mais si quelqu'un veut faire une bonne affaire, il doit sûrement la prendre en considération. La plus proche connexion : U6 Frankfurt Ost, ensuite se diriger à l'extérieur de la ville.

DU VIEUX FAIRE UN NEUF

Des fois, des choses usées sont meilleures de celles qui sont neuves. Les magasins de second hand modernes et de grande valeur attirent les chasseurs d'occasions et des collectionneurs de choses rares et uniques.

ASCHENPUTTEL Depuis plus de 20 ans, une adresse de top pour les vêtements usés et des fois, quasi neufs : Kenzo o Moschino, des costumes de Chanel ou des portefeuilles de Gucci, ça vaut la peine d'y jeter un coup d'oeil.

Innenstadt, An der Kleinmarkthalle 11, linee U-/S-Bahn fermata Konstablerwache,
tel. 069 285209, orari d'apertura: Lu-Ve ore 10-19, Sa ore 10-17,
www.secondhand.net/aschenputtel

SECONDELLE Pour votre grande sortie : des robes de soir élégantes et des business outfits chics – c'est ce que vous offre cette petite boutique des choses usées à Sachsenhausen.

Sachsenhausen, Schweizer Straße 98, tél. 069 627776, U1-U3 Schweizer Platz,
Heures d'ouverture : lundi-vendredi 10-19h, samedi 10-14h

N+H KLEIDERMARKT Pour les Fashion Victims et les Trendsetter du marché des vêtements. Sur les deux étages, un grand choix de vêtemens rétro et de ceux de tendances ultimes.

Innenstadt, Kurt-Schumacher-Straße 43, tél. 069 20057, S et U-Bahn Konstablerwache
www.kleidermarkt.de

FRAIS ET BON POUR LA SANTE

ERZEUGERMARKT KONSTABLERWACHE

Pour ceux qui cherchent toute une gammes de produits frais, il est fort recommandé de se rendre à Erzeugermarkt près de la Konstablerwache.

Deux fois par semaine, les paysans de la région offrent leurs produits à plus de 50 étaux de marché. Indépendamment de ce que c'est une culture conventionnelle ou biologique, ça vaut la peine d'y jeter un coup d'oeil : des légumes frais, de la viande, du poisson, du fromage et ceux qui cherchent bien, vont y trouver une bouteille de bon vin. Bien évidemment, il n'est pas à déguster sur place. Il y a aussi des saucisses grillées, de petits pains, des galettes de pommes de terre, des fricadelles de poisson. A part cela, il y a des dégustations de plats de la cuisine régionale tels que l' « Ebbelwei » ou la 'Grie' Soss ».

Innenstadt, Konstablerwache,U/S-Bahn, station d'arrêt Konstablerwache,
jours de marché: jeudi 10-20h, samedi 8-17h,
www.erzeugermarkt-konstablerwache.de

SCHILLERMARKT   Depuis 1996, chaque vendredi, le Schillermarkt attire ses clients à la City grâce à une grande diversité de produits frais. Des commerçants offrent de tout ce que désire le client pour s'approvi-

sionner pour la fin de semaine. En été, des étaux de viticul-teurs sont d'un intérêt parti-culier. Le bon vin est toujours bon pour bien finir la semaine.

Innenstadt, Schillerstraße 2,
U/S-Bahn, station d'arrêt Hauptwache,
jours de marché : vendredi 9-18.30h

BLUMENMARKT   Depuis juillet 2005, le Blumenmarkt, marché aux fleurs, situé dans la Biergasse, constitue un supplément excellent au Schillermarkt. Une grande diversité de couleurs et de fleurs réjouit non seulement les cœurs des amateurs de plantes décoratives. S'il s'agit des fleurs taillées, des bulbes, des herbes, des plantes en pot, des plantes vivaces, des cactus et des accessoires appropriés – vous en trouverez de tout aux 13 étaux de marché.

Innenstadt, Biebergasse 2, U/S-Bahn, station d'arrêt Hauptwache, jours de marché : ve 9-18.30h

KLEINMARKTHALLE   Acheter des produits alimentaires dans la Klein-markthalle n'est certainement pas la variante la plus économique, mais sûrement la plus attrayante. Des fruits, des légumes, des saucisses, de la viande, du gibier, des produits laitiers, des épices, des fleurs et des spécia-lités de toutes les parties du monde. Sur deux étages et 1 500 mètres carrés, sont offerts des produits frais et exotiques que le cœur désire. La cohue de couleur, suffocante et bruyante frise un peu l'ambiance des

marchés méditerranéens et c'est aussi l'un des aspects de Francfort d'origine. Pour deve-nir le seigneur de la cohue de marché sur la « Samstagsberg » (Römerberg), en 1879, le prédé-cesseur de la Kleinmarkthalle d'aujourd'hui a été construit entre la Hasengasse et la Fahr-

gasse. Après sa démolition pendant de la guerre, en 1954, la Kleinmarkthalle d'aujourd'hui à été construite à cet endroit. Elle s'étend de l'Hasengasse jusqu'au Liebfrauenberg, avec des entrées de deux cotés.

Innenstadt, Hasengasse 5-7,tél. 21233696, U/S-Bahn station d'arrêt Hauptwache ou Konstabler-
wache, U4/U5 station d'arrêt Römer, Heures d'ouverture : lundi-vendredi 7.30-18h,
*samedi 7.30-15h, **www.kleinmarkthalle.de***

SUGGESTION

Dans la Kleinmarkthalle, le stand Heisse-Worscht de Mme Schreiber et Ilse Schreiber elle-même, sont des vraies institutions. Le petit stand est à trouver près des stands de charcutiers.

BERGER STRASSE   De toute évidence, elle fait partie des points
d'attraction de Francfort les plus variés. Dans la journée, la Berger
Strasse constitue une concurrence à la « Bernemer Zeil », localisé au centre de la ville et le soir, elle attire des noctambules. A l'origine, cette rue
d'un kilomètre de longueur, constituait une connexion entre la localité de
Bornheim, dite « un village gai » et la ville. Dans sa partie sud, autour de
la place de St. Marie, dominent des tavernes, des bars et des cafés et
tout autour de la station U-Bahn Höhenstrasse, ce sont de petits magasins qui prédominent. En se dirigeant amont de la petite tour d'horloge
localisée vers le centre de Bornheim, on découvre le vieux Bornheim. La
rue devient plus étroite, sinueuse et des maisons à colombage et de
vieilles tavernes de vin de pommes y créent une ambiance de village ce
que souligne encore le marché hebdomadaire du samedi.

CENTRES DE COMMERCE

A ceux qui apprécient le confort et préfèrent de petites distances, de différents centres commerciaux de Francfort offrent une multitude de produits sous le même toit.

NORD-WEST-ZENTRUM Avec 150 magasins spécialisés et une superficie de ventes bien aménagée, le Nord – West– Zentrum est l'un de plus grands centres commerciaux en Allemagne et, car toute la superficie est couverte, le plus grand centre commercial couvert en Europe. Cependant, le NWZ est quelque chose de plus qu'un centre de commerce ordinaire ; avec des semaines thématiques, des marchés et des expositions et des événements culturels, il est un vrai centre de distractions pour les enfants et les adultes. En

particulier, il faut attirer l'attention sur les expositions organisées régulièrement en collaboration avec le musée Senckenberg. De cette façon, les reconstructions fidèles des animaux préhistoriques peuplent les passages du NWZ.

Nord-West-Stadt, Limescorso 8, , tél. 069580902-0,
U1 Nordwestzentrum, heures d'ouverture : lundi-samedi 10-20h, **www.nwz-frankfurt.de**

HESSEN-CENTER *Enkheim, Borsigallee 26, tél. 06109 73363-0,*
U2 Hessen-Center, heures d'ouverture : lundi-samedi 10-20h

MAIN-TAUNUS-ZENTRUM *Sulzbach, tél. 069 300901-0, heures d'ouverture :*
lundi-samedi 10-20h, rattaché directement au Kinopolis, un de plus grand cinémas à Francfort.

Francfort
BY
Night

RESTAURANTS ET CAFE-RESTAURANTS A FRANCFORT

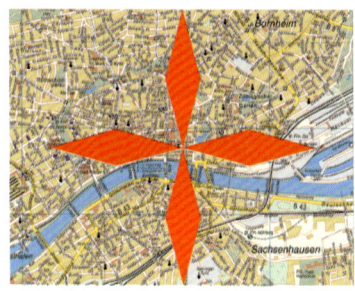 Les facettes variées et le caractère international de Francfort se reflètent aussi dans son paysage gastronomique. Avec plus de 3 000 centres d'activité sur le terrain de la ville qui se laissent diviser en 100 types des cuisines nationales et thématiques, Francfort dispose d'une de plus grandes scènes gastronomiques en Allemagne. Cela peut être historique, urbain, moderne ou scénique, éthiopique, californien ou vietnamien : ici, chaque vœux culinaire est réalisé, aucune orientation du goût ne reste ouverte. S'il s'agit d'un plat de gourmet ou d'un plat vite faite que l'on mangé tout en restant debout, d'un petit déjeuner ou d'un lunch ou bien, d'une collation de minuit pour des noctambules, Francfort recommande une adresse adéquate pour chaque budget et chaque moment de la journée. En l'occurrence, de nombreux locaux de saison situés le long du Main, des terrasses au centre de la ville et des restaurants touristiques invitent à une balade flâneuse. L'embarras du choix, surtout quand on connaît le chemin à travers cette jungle de nuit.

Afin de rendre ce chemin plus simple, de différents tours ont été proposés sur les pages qui suivent. Ces tours sont organisés de façon à ce que tous les points de visite soient facilement accessibles à pied, que de différentes facettes de la vie nocturne de Francfort soient présentées et que le parcours conduise à coté de nombreux restaurants, bars, tavernes et enfin, que les tours puissent être interrompus à un moment voulu et faits de manière individuelle et modifiée. Naturellement, il n'y a aucune obligation de visiter tous les endroits proposés par ce guide de ville. Cependant, ce parcours garantit une belle balade à travers de différents quartiers de la ville et sa vie nocturne. Bien évidemment, il y a une possibilité de combiner des tours différents l'un avec l'autre, mais pour le faire, les visiteurs sont des fois obligés de prendre un moyen de transport en commun ou un taxi.

1 TOUR D'ÄPPLER

La boisson nationale de la Hesse, mais aussi celle de Francfort, est servie d'un mode particulier : on a passe du tonneau au « bembel », du « bembel » au « gerippte » et du « gerippte » à « le kopp ». Cela se passe à des endroits particuliers, dans des tavernes de vin de pommes dites « Äpplerkneipen ». Les jeunes et les personnes plus âgées se réunissent là-bas autour des tables rustiques, on débite des âneries et on raconte des histoires. Ce que vaut un « biergarten », jardin de bière, pour un habitant de Münich, l' « Apfelweingarten », jardin de vin de pommes, en vaut autant pour un Francfortois. Presque identiques à l'extérieur, dans la majeure partie avec beaucoup d'arbres et une localisation idyllique, les habitants de Francfort sont beaucoup plus tolérants ici, car on y peut prendre sans problème une bière pression, pendant qu'à Münich, on attend des heures et des heures pour recevoir son « Stöffche ». Le 1-er tour conduit par certaines localités du type décrit à travers le Sachsenhausen qui, grâce à elles, est devenu légendaire. Cependant, certaines adresses indiquées ici se trouvent à l'extérieur du centre de la ville.

DEMARRAGE U1/2/3 Schweitzer Platz ➡

ZUM GEMALTEN HAUS *Noblesse oblige*
Selon la tradition, un local de in de pommes, ici, on sert « Rippchen », etc., seulement des plats cuits, il y est interdit de servir des plats grillés.

Sachsenhausen, Schweizer Straße 67, tél. 069 614559, heures d'ouverture : ma-di 10-24h,
www.zumgemaltenhaus.de

Direction Südbahnhof à gauche
dans la Textorstrasse ➡

ZUM FEUERRÄDCHEN

*Si la boulette est bon,
tout va bien)*
Le boulette fourrée de pâté de
foie est un symbole incontestable
de local, mais aussi l'escalope à la
viennoise est très recommandée.

*Sachsenhausen, Textorstraße 24,
tél. 069 66575999,
heures d'ouverture :
lundi-vendredi 12-1h, sa et di 16-1h.*

Continuer la rue Textorstrasse ➡ à gauche dans la rue Martin-May-Strasse, aller jusqu'au
fond ➡ au carrefour passer à droite ➡ à la Affentorplatz tourner à gauche et continuer le
long des édifices ➡

FICHTEKRÄNZI *Il est servi là où il y a une couronne de suspendue*
A part le « Stöffche », on offre ici un grand choix de vins de France, entre
autres, de ceux d'Alsace.

Sachsenhausen, Wallstraße 5, tél. 069 612778, heures d'ouverture : lundi-dimanche à partir de 17h

Continuer tout droit ➡ à droite ➡
de nouveau à droite, le long de la
rue Wallstrasse ➡ traverser aux
feux ➡ continuer tout droit ➡

KLAANE SACHSENHÄUSER *Sous les platanes*
Des saucisses faites maison (le patron qui gère l'auberge est un expert de
charcuterie) présentent seulement l'une des spécialités du local.

*Sachsenhausen, Neuer Wall 11, tél. 069 615983,
Heures d'ouverture : lundi-samedi 16-24h,*
www.klaane-sachsenhaeuser.de

en sortant du local 2 x à droite ➡ dans la
Klappergasse ➡ après environ 50m à gauche ➡

LORSBACHER THAL
Aucune belle vallée autour
Un jardin splendide dans la cour, à part la cuisine traditionnelle de la Hesse, on sert aussi des spécialités de cuisine internationale.

Sachsenhausen, Große Rittergasse 49-51, tél. 069 616459, heures d'ouverture : ma-sa 16-24h, di 12-23h www.lorsbacher-thal.de

Retourner à la Klappergasse, continuer jusqu'au fond ➡

ZU DEN DREI STEUBERN *Un pur plaisir*
Ce petit local de vin de pommes authentique propose un voyage dans le temps, non frelaté et vrai : le menu, les « äppler », spécialité de la maison – des verres vides sont immédiatement remplis – et l'ambiance.

Sachsenhausen, Dreieichstraße 28, tél. 069 622229, S3-S6 Lokalbahnhof, heures d'ouverture : ma-ve 16-24h

LES ADRESSES RECOMMANDABLES EN DEHORS DU CENTRE DE LA VILLE

SACHSENHÄUSER WARTE

DER BUCHWALD
De la Hesse? Je mange!
Beaucoup de nouvelles idées, combinées avec de la chaleur habituelle.

Bornheim, Buchwaldstraße 22a, tél. 069 46003272, U4 Bornheim Mitte, heures d'ouverture: ma-di à partir de 17h, www.der-buchwald.de

SACHSENHÄUSER WARTE
Wart's up? Une zone gracieuse aux pieds de la Wehrturm sur le Sachsenhäuser Berg, une montée abrupte, on descend pour retourner à la maison.

Darmstädter Landstraße 279, tél. 069 682716, S3-S6 Lokalbahnhof, heures d'ouverture : lundi-dimanche 12-1h, www.sachsenhaeuserwarte.de

SCHUCH´S RESTAURANT *Que peut devenir une pomme ?*
Ici, tout tourne autour du fruit national de la Hesse : s'il s'agit d'une
boisson ou d'un repas, la diversité surprend.

Praunheim, Alt-Praunheim 11, tél. 069 761005, heures d'ouverture : mardi-vendredi 11-14h et 17-
24h, samedi et dimanche à partir de 11h, lundi à partir de 17h,
www.schuchs-restaurant.de

ZUM LAHMEN ESEL *Après le Taunus à l'âne*
Après une excursion dans le Taunus, l' « Esel » est, soit disons, sur la
route et offre des portions copieuses. Un local adapté aux enfants !

Niederursel, Krautgartenweg 1, tél. 069 573974 U3 Niederursel,
heures d'ouverture : mardi-dimanche 17-23h, **www.lahmer-esel.de,**

ZUM RAD
Un bon vélo n'est pas forcément
cher Probablement le plus beau
jardin de vin de pommes à Francfort et ses alentours, localisé dans
une cour entourée de mur. Visite
combinée avec celle de Lohrberg
est un must !

Seckbach, Leonhardsgasse 2, tél. 069 479128,
heures d'ouverture : mercredi-lundi 16-23h,
www.zum-rad.de

2. TOUR SUD

Sachsenhausen n'est pas seulement un quartier de tavernes ou on sert
du vin de pommes, mais c'est aussi un quartier mondain avec des adresses recherchées de différents types. Pendant des années, la Rittergasse
et la Klappergasse ont été un symbole de quartier plein de distractions,
dans la majeure partie touristiques. Encore a ce jour, on y trouve des
pubs l'un après l'autre. Le « Bermuda-Dreieck », triangle des Bermudes,
continue à se réveiller à une nouvelle vie et les Francfortois, eux aussi,

Le **TOUR SUD** relie l'ancien et le nouveau au sein de la ville

DEMARRAGE Süd-Bahnhof (U et S-Bahn Frankfurt Süd)

Traverser la Diesterwegplatz ➡ tout droit dans la rue Diesterwegstrasse ➡

SUSHI-CIRCLE *Si c'est possible, se tourne en rond*

Un îlot dans le déluge des offres de sushi. Les mots qualité et fraîcheur ne son pas seulement inscrits, mais aussi constamment contrôlés.

Diesterwegstraße 34, tél. 069 96237939, heures d'ouverture : lundi-samedi 11-23h,
dimanche 17-23h, samedi 12-14h école de cuisine Sushi,
www.sushi-circle.de

à gauche vers la Schweitzerstrasse ➡ de l'autre coté de la rue ➡

EDELWEISS

Où les Alpes fondent dans la bouche La cuisine autrichienne avec beaucoup de charme et des terrasses tout au long de l'année. Des plats de gibier originaux sont sans aucun doute une spécialité de la maison.

Schweizer Straße 96, tél. 069 619696, heures d'ouverture : lu-ve 12-1h, sa et di 17-1h,
www.edelweiss-ffm.de

Tout droit, le long de la rue Schweizerstrasse direction

City ➡ à droite dans la Textorstrasse ➡

TEXTOR *Tout simplement bon !*

Rien à faire, des gens agréables, un team agréable, une ambiance agréable – entrer et se sentir à l'aise.

Textorstraße 38, tél. 069 622299,
heures d'ouverture : dimanche-jeudi 10-1h,
vendredi et samedi 10-2h

Continuer la Textorstrasse ➡ jusqu'au carrefour

Darmstädter Landstrasse ➡ à gauche ➡

LOKALBAHNHOF *Montez, s'il vous plaît !*

Une institution de Francfort, appropriée à tout moment de la journée, située au centre de Sachsenhausen.

Darmstädter Landstraße 14, tél. 069 627162, heures d'ouverture : dimanche-jeudi 9-1h, vendredi et samedi 9-2h

A gauche, continuer la Darmstädter Landstrasse ➡

l'Elisabethenstrasse jusqu'au carrefour Wallstrasse ➡ à gauche ➡

LOBSTER *Petit, mais douillet.*

Un hommage au bistrot vénérable, à la cuisine française, au « touch » méditerranéen, au bon vin.

*Wallstraße 21,
tél. 069 612920,
heures d'ouverture : lundi-samedi 18-1h*

Continuer du coté gauche de la Wallstrasse jusqu'au fond ➡ traverser la Walter-Kolb-Strasse ➡ dans la Schulstrasse ➡

MUSCHELHAUS *La coquille dure, le cœur aimable*

L'ancienne localisation, un nouveau patron – pour tous les amateurs des poissons, des fruits de mer et autres.

*Schulstraße 36, tél. 0151 15580382,
heures d'ouverture : mercredi-dimanche 18-23h*

Du coté opposé dans la Oppenheimer Strasse ➡

BAR OPPENHEIMER *Aussi soulé !*

Un petit bar chic, bon à y prendre un apéritif ou à sombrer ou comme ça.

Oppenheimer Straße 41, tél. 069 626674, heures d'ouverture : dimanche-jeudi 20-1h, vendredi et samedi 20-2h

Retourner à la Schulstrasse ➡ à gauche

vers le Main ➡ continuer du coté gauche

du Main jusqu'à la Schweitzer Strasse ➡

PAOLO´S
Insomnie à Sachsenhausen
Un excellent mélange de bar et de bistro, de plus, des plats de cuisine italienne recommandables — et tout cela jusqu'à tôt le matin.

Schweizer Straße 1, tél. 069 617146, heures d'ouverture lu-ve 17-4h, samedi et dimanche 13-4h,
www.paolos-ristorante.de

Si après le « Lokalbahnhof » vous êtes encore capable de marcher, vous pouvez choisir une autre variante : à gauche dans la Darmstädter Landstrasse et continuer l'Elisabethenstrasse ➡ après le carreoufour ➡ Wallstrasse ➡ à droite dans la Rittergasse jusqu'au fond ➡ traverser le Wasserweg ➡ Walter-von-Cronberg-Platz ➡

NEW BRICK
A L'HOTEL MAIN PLAZA
California, California.
La cuisine californienne au bord du Main dans un style de New-York solide du Main Plaza.

*Walther-von-Cronberg-Platz 1, tél. 069 664010, heures d'ouverture : lundi-dimanche 7-23h, w**ww.lindner.de***

LEON GARCIAS A L'HOTEL MAIN PLAZA *Take me to the River.*
Pas seulement en été, mais avant tout à ce temps-là, ce sont la cuisine espagnole et un panorama merveilleux qui attirent.

*Walther-von-Cronberg-Platz 1, tél. 069 60329877, heures d'ouverture : dimanche-vendredi 10-1h, samedi 10-2h, **www.leon-garcias.de***

BIANCALANI *Trois sur le même étage : cuisine, bar, eno.*
Ici, même le temps d'attente à une table de libre est un plaisir.

*Walther-von-Cronberg-Platz 7-9, tél. 069 689776-15, heures d'ouverture : Cucina : lundi-vendredi 12-15h et lundi-samedi à partir de 18h, **ww.biancalani.de***

Vers la rive du Main ➧ à gauche du Main, continuer jusqu'au
Untermainbrücke (premier pont après la Passerelle de
Fer /allemand – Eiserne Steg/) ➧ monter l'escalier ➧
vers la Schweitzer Strasse – **PAOLO'S**

3. CITY TOUR

Parmi les gratte-ciels, la zone tout autour de la Hauptwache et de la Konstablerwache, très mouvementées dans la journée, devient beaucoup plus tranquille au soir et pourtant, elle ne devient pas moins intéressante. On y peut faire de balades à pied et flâner le long des vitrines. Il est difficile de ne pas prendre la Grosse Bockenheimer Strasse, dite la « Fressgass » qui, avec tous ses chemins latéraux et l'Opernplatz, constitue un vrai centre gastronomique du centre-ville.

La **CITY TOUR** a pour but de montrer d'autres facettes du centre-ville et il conduit tout autour de l'Hauptwache et la Konstablerwache.

DEMARRAGE Alte Oper (U6/7 Alte Oper)
traverser la « Fressgass » ➧ aller vers l'Hauptwache ➧
tourner à gauche dans la Schillerstrasse ➧

BULL & BEAR

Fameux Un bar&restaurant avec une vraie ambiance d'affaires. Ses divertissements typiques : des données de bourse remises à jour et une belle vue sur les Bull&Baer près de la Vieille Bourse.

*Schillerstraße 11, tél. 069 13388733, heures d'ouverture : lundi-jeudi 10-1h, vendredi 10-3h, samedi et dimanche 10-1h, **www.bullandbear.de***

A droite vers l'Hauptwache et tout autour ➧ passer à coté
du Sportpalast et continuer vers le Kornmarkt ➧

LEIB & SEELE *Ici s'unissent des choses qui s'appartiennent*
Indigène et pourtant chic. La cuisine allemande et des plats régionaux
dans une ambiance appropriée.

*Kornmarkt 11, tél. 069 281529, heures d'ouverture : lundi-jeudi 8-1h, vendredi 8-2h,
samedi 10-2h, dimanche 10-1h, www.leibundseele-frankfurt.de*

A gauche et traverser le Kleiner Hirschgraben ➡

WALDEN *White Corner.*
Un intérieur classique de même que la cuisine qui combine des plats
classiques du monde.

*Kleiner Hirschgraben 7, tél. 069 92882700, heures d'ouverture : lundi-vendredi 8-1h,
samedi 9-1h, dimanche 9-18h, www.walden-frankfurt.de*

à gauche ➡ à travers le
Groesser Hirschgraben, devant
la Goethehaus ➡

RIZ *Tout en vue*
Un bar sympathique et en même
temps, un café charmant avec un
petit menu et (de temps à autre)
une bonne musique live.

*Großer Hirschgraben, tél. 069 282439,
heures d'ouverture : dimanche-jeudi 10-1h,
vendredi et samedi 10-3h,*

Au coin de la rue tourner à gauche ➡ pren
dre la Berliner Strasse ➡ traverser la Pauls-
platz et se diriger vers la Römerberg ➡

DER SCHWARZE STERN
Une étoile au dessus du Römer
Une ambiance pleine de dignité, une
cuisine excellente, une relation prix -
qualité intéressante, en été avec une belle terrasse donnant sur le Römer.

*Römerberg 6, tél. 069 291979, heures d'ouverture : tous les jours 12-15h et 18-22h,
www.schwarzerstern.de*

Vers le Main ➡ gauche du Mainkai ➡
continuer jusqu'à la boîte d'éclat rouge
derrière la rangée des fênetres ➡

ROTE BAR *Cold hot drinks.*
Un bar cool avec une ambiance irrésistible de l'époque de la prohibition.

Mainkai 7, tél. 069293533, heurs d'ouverture : dimanche-jeudi 21-2h, vendredi et samedi 21-3h, www.rotebar.com,

Continuer du coté gauche du Mainkai ➡ à gauche ➡

SCHÖNE AUSSICHT *Un mélange de styles*
Un peu de tout et pourtant, un tout, aussi bien dans la cuisine que dans son organisation.

Fahrgasse 3, tél. 069 25493797, heures d'ouverture : lundi-jeudi 18-1h, vendredi et samedi 18-2h, dimanche 10-1h

Traverser la Fahrgasse et se diriger vers la Zeil ➡ tourner à gauche et aller vers l'Hasengasse ➡ à gauche (entrée de derrière P&G) ➡

DIAMONDS & PEARLS *Girl's Best Friends.*
Snacks & Fine Dining dans une ambiance de club. Beaucoup d'amour dans les détails.

City, Carl-Theodor-Reiffenstein-Platz 6, tél. 069 94942864, heures d'ouverture : lundi-dimanche 11-2h, U et S-Bahn Konstablerwache, www.dp-frankfurt.de

De nouveau vers la Zeil ➡ traverser la Brönnerstrasse ➡ passer à coté de l'église ➡

PULSE
A la pulsation du temps
Manger, boire et danser, tout simplement sous le même toit. Entouré d'un jardin merveilleux.

City, Bleichstraße 38 a, tél. 069 13886802, heures d'ouverture : lundi-jeudi et dimanche 10-1h, vendredi et samedi 10-4h, U1/2/3 Eschenheimer Tor, www.pulse-frankfurt.de

LATE-NIGHT

La City de Francfort offre non seulement un grand choix de bars et de restaurants, mais elle constitue avant tout une bonne base pour les amateurs de night-clubs.

COOKY'S *Un classique*

Am Salzhaus 4, tél. 069 287662, heures d'ouverture : mardi, vendredi, samedi à partir de 22h, lundi, mercredi et dimanche à partir de 23h,
www.cookys-club.de

NACHTLEBEN *Into the Night.*

Kurt-Schumacher-Straße 45, tél.069 20650, heures d'ouverture :lundi-mercredi 11-2h, jeudi-samedi 11-4h, dimanche 9-2h, **www.batschkapp.de**

ODEON *White House.*

Seilerstraße 34, tél.069 285055, heures d'ouverture : jeudi 21-4h, vendredi et samedi 22-4h,
www.theodeon.de,

U 60311 *Electronic Underground.*

Rossmarkt, tél. 069 297060311,
heures d'ouverture: jeudi-samedi à partir de 22h, **www.u60311.net**

4. TOUR D'OUEST

Le quartier des gares est l'Ouest sauvage de Francfort. Dans aucun quartier de Francfort la diversité, le caractère multiculturel, mais aussi des contrastes, ne sont plus fort accentués qu'ici. Ici, un habit d'affaires s'assoit à coté d'un caftan, ici, un bazar indien s'étale aux pieds des palais de verre, ici, le « milieu » se confronte à la haute finance et l'histoire de la ville se confronte à son architecture en acier. Ici, on parle le turc, le grec, l'italien, l'anglais, l'arabe…et, entre autres, aussi l'allemand. Ici, la musique résonne à travers les portes grandes-ouvertes des sexshops, la proximité des bars attire, ainsi que des musiciens de rue avec leur rémunération rapide. Ici, c'est la grande ville elle-même qui attire grâce à sa diversité.

DEMARRAGE Hauptbahnhof

(U- et S-Bahn Hauptbahnhof) sortie sud ➡

prendre la Karlsruhe Strasse et continuer jusqu'au

fond ➡ au coin de la rue tourner à gauche ➡

HAFEZ
Un poème !
La cuisine perse et les spécialités orientales dans une ambiance majestueuse.

Baseler Straße 21, tél. 069 232301, heures d'ouverture : lundi-samedi 12-24h
www.hafiz.de

A droite ➡ traverser la Baseler Platz ➡

se diriger vers le Main ➡

FRANKFURTER BOTSCHAFT *Chic – Chic*
Avec un design des années 60 et une belle vue sur le port des yachts et le nouveau quartier de Westhafen.

*Westhafenplatz 6-8, tél. 069 24004899, heures d'ouverture : lundi-jeudi 10-2h, vendredi et samedi 10-3h, dimanche 10-1h, **www.frankfurter-botschaft.de***

A gauche ➡ le long du Main ➡ direction Eiserner Steg ➡

NIZZA AM MAIN *Une vue unique*

La cuisine méditerranéenne, en haut chic, en bas – en été – un bar self-service pour la terrasse.

Untermainkai 17, tél. 069 299207511, heures d'ouverture : lundi-dimanche 12-14h et 18-23h,
www.nizza-am-main.de

Quitter le Main ➡ à travers l'Untermainanlage vers la Kaiserstrasse, à gauche ➡

COCONUT GROOVE *Un nouveau style dans la Kaiserstrasse* Un bar-restaurant dans un style rétro sobre, la cuisine américaine et asiatique.

Kaiserstraße 53, tél. 069 27107999, heures d'ouverture : lu-je 10-1h, vendredi 10-2h, samedi 12-2h,
www.coconut-groove.de

Kaiserstrasse ➡ continuer jusqu'à la gare, devant la

gare ➡ à droite, vers la Lidwigstrasse ➡

SYMPOSIUM *Dans l'esprit du vin*

La cuisine méditerranéenne, en particulier grecque, et le lieu pour « des discussions philosophiques » enrichies de bière.

Ludwigstraße 7, tél. 069 94942355, heures d'ouverture : lundi-jeudi 11-24h,
vendredi 11-2h, samedi 17-2h

LATE NIGHT

LIVING XXL

City, Kaiserstraße 26
(dans la tour de la BCE),
tél. 069 24293710, heures d'ouverture :
mardi-samedi 11-3h
www.livingxxl.de

GALERIE

Bahnhof, Düsseldorfer Straße 7,
tél. 069 230171, heures d'ouverture :
jeudi à partir de 18h, vendredi et
samedi à partir de 22h,
www.galerie-frankfurt.de

EURO DELI

City, Neue Mainzer Straße 60-66, tél. 069 29801950, heures d'ouverture : mardi à partir de 18h, jeudi à partir de 17h, les 'autres jours suivant le programme, **www.eurodeli.de**

PRÄSIDIUM 19/11

Friedrich-Ebert-Anlage 11, tél. 069 74743978, heures d'ouverture : vendredi et samedi à partir de 22h, **www.praesidium.de**

5. TOUR DE NORD

La partie nord de Francfort c'est une zone résidentielle pleine de vie où on cherche en vain des gratte-ciels et des complexes de bureaux. Au lieu de tout cela, des rues silencieuses, des lieux agréables et des façades de maisons en grès, typiques pour Francfort. Même la taille des institutions gastronomiques s'est adaptée (de façon un peu forcée) aux besoins de ce quartier. Ici, on trouve de beaux restaurants, des pubs confortables et pittoresques et de petits locaux avec des scènes de spectacle.

> **DEMARRAGE** Eschenheimer Tor (U1/2/3 Eschenheimer Tor), sortie Oederweg ➡
> le long de l'Oederweg jusqu'à ce qu'il débouche à droite sur le Mitteweg ➡

FONTANA DI TREVI
Bella Roma

Mittelweg 30, tél. 069 551318, heures d'ouverture: mardi-dimanche 12-15h et 18-23h

> Prendre le Mittelweg ➡ continuer
> jusqu'à l'Eckheimer Strasse ➡ à droite,
> descendre dans la Jahnstrasse ➡

EATDRINKMANWOMAN *Amangeretboirpourluietpourelle*
Un lieu de rendez-vous très à la mode, avec une nouvelle cuisine asiatique, stimulant à la vie nocturne.

Jahnstraße 1, tél. 069 512822, heures d'ouverture : lundi-jeudi et dimanche 18-2h, samedi 18-3h, **www.edmw.com**

Traverser le carroufour ➡ à travers la Scheffelstrasse jusqu'à la Friedberger Strasse ➡ continuer

du coté gauche de la Friedberger Strasse ➡ passer de l'autre coté et traverser la Friedberger Platz

HARVEY'S *Single to Single.*

Dans le passé, un local avec des spectacles, a ce jour, ouvert à toutes les tendances ce que prouve aussi le menu.

Bornheimer Landstraße 64, tél. 069 94944811, heures d'ouverture : dimanche-jeudi 10-1h, vendredi et samedi 10-2h, **www.harveys-ffm.de**

Aller du coté gauche de la Bornheimer Strasse jusqu'à la

Berger Strasse ➡ à droite jusqu'au carrefour Herbartstrasse ➡

MIRADOR *Un peu de tout*

Des accents espagnols et un tact bourgeois vis-à-vis des sounds internationaux.

Berger Straße 65, tél. 069 48982087, heures d'ouverture : tous les jours 9-1h

Continuer du coté droit de la Berger Strasse jusqu'à la Merianplatz ➡ 2 x à gauche dans le Musik-

antenweg ➡ continuer jusqu'à ce qu'il débouche sur l'Einmündung Nedergässchen (à droite) ➡

OMA RINK *Un trésor caché*

La cuisine classique et nouvelle de Francfort dans le « salon du Nordend ». Un jardin splendide.

Musikantenweg 68, tél. 06990432942, heures d'ouverture : mardi-dimanche 16-1h

A gauche à travers le Nedergässchen

➡ continuer jusqu'au Sandweg ➡

à gauche, monter le Sandweg ➡

GEBRÜDER BAUER

Une place pour tout le monde
Un restaurant particulier : diversifié, indigène et surprenant.

Sandweg 113, tél. 069 40592744, heures d'ouverture : lundi-vendredi 12-15h, lundi-dimanche 18-1h, **www.gebrueder-bauer.de**

A gauche jusqu'aux Habsburger ➧ de nouveau à gauche jusqu'à la Berger Strasse ➧ continuer du coté droit de la Berger Strasse ➧ jusqu'au Bornheim Mitte ➧

HANNIBAL *Mal en bas, mal en haut*

Un bistro, un café avec une terrasse, au premier étage, un restaurant recommandable ouvert le soir.

Berger Straße 185-187, tél. 069 94500444, heures d'ouverture : lundi-jeudi 9-1h, vendredi et samedi 9-2h, dimanche 10-1h,
www.restaurant-hannibal.de

A gauche ➧ continuer la rue Berger Strasse vers l'extérieur de la ville ➧

ZUR SONNE

Vers le soleil, vers la liberté

Une taverne de vin de pommes historique avec tout ce qu'on peut servir, mais recommandée seulement pour des nuits d'été tièdes.

Berger Straße 312, tél. 069 459396, heures d'ouverture : lundi-samedi 17-24h, dimanche 12-23h

6. TOUR D'EST

La partie d'est de Francfort transpire encore le parfum de l'ancienne région industrielle et commerciale, mais à ce jour, d'une façon différente. Le long de l'Hanauer Landstrasse, le plus long salon automobile du monde, se sont installés, à part les design-outlets et les magasins de meubles, des clubs à la mode et des locaux recherchés. De grands projets d'aménagement de la ville, dont la réalisation est planifiée dans le proche avenir, tels que le déménagement et l'installation de la Banque Centrale Européenne sur le terrain de l'ancien Grossmarkt, vont faire de cette partie de Francfort l'un des quartiers les plus urbanisés de la ville.

Le **TOUR D'EST** n'est pas comparable aux autres, car il ne conduit pas à travers de belles rues et ruelles, mais il conduit le long d'une artère principale de trafic citadin de Francfort. Qui est un bon piéton et ne se laisse pas décourager par un charme morbide de zone industrielle en voie de disparition, devrait prendre ce ou autre virage et se diriger en particulier vers l'Osthafen (à droite) ou vers l'Ostpark (à gauche).

DEMARRAGE Ostbahnhof U6

Sortie Hanauer Landstrasse, à droite, de l'autre coté de la Grossmarkthalle ➡

FRANKFURTER KÜCHE
Tradition avec fioriture
La cuisine traditionelle de Fracfort avec la musique variée de DJ-Quartett. Quand l'Eintracht joue à la maison, la transmission en direct une heure avant le début de la partie.

Hanauer Landstraße 86, tél. 069 43056878, heures d'ouverture : lu-ve 12-15h et à partir de 18h, sa et di à partir de 18h,
www.frankfurter-kueche.de

Continuer du coté gauche de l'Hanauer Landstrasse ➡

VINYLBAR *Musique de la rainure*
Un baret un club dans un endroit spécifique. Le programme varie constamment.

Hanauer Landstraße 99, tél. 069 26096800, heures d'ouverture : je-sa à partir de 20h,
www.vinylbar.de

A gauche, continuer l'Hanauer Landstrasse ➡

MONSA *Le désert est en vie*
Une musique inhabituelle dans un Arabian lounge, take a drink and sit down.

Hanauer Landstraße 119, tél. 069 94944321, heures d'ouverture : lundi-vendredi 12-15h et 18-1h, samedi 18-2h, **www.monsa-frankfurt.de,**

A gauche, continuer l'Hanauer Strasse ➡

DAS LEBEN IST SCHÖN *Belle d'expérimenter*

L'Italie alla Mama, un mélange réussi de cantine et 'une vieille galerie de grands films italiens.

Ostend, Hanauer Landstraße 198, tél. 069 43057870,
heures d'ouverture : lundi-jeudi 11-24h, vendredi 11-1, samedi 18-1h

HALLE DER HELDEN
Nous sommes tous héros
Une location urbaine avec une ambiance généreuse, la cuisine crossover, un menu diversifié, un lounge raffiné.

Ostend, Hanauer Landstraße 192,
tél. 069 48002660, heures d'ouverture :
lu-ve 12-15h, lu-me 18-1h, je-sa 18-2h

KING KAMEHAMEHA CLUB *Un classique*

L'un des premiers clubs dans l'Hanauer, quand encore des trains routiers articulés faisaient du bruit.

Hanauer Landstraße 192, tél. 069 4800370, heures d'ouverture : jeudi 21-3h,
vendredi et samedi 22-4h, ***www.king-kamahameha.de***

> Maintenant, prenez un taxi, s'il vous plaît ➡

COCOON CLUB *Un mode pour soi*
Le club de Sven Väth garantie une musique techno-haouse de top et une expérience de sound absolue.

Fechenheim, Carl-Benz-Straße 21,
tél. 069 900200, vendredi + samedi 21-6h,
www.cocoonclub.net

SILK IM COCOON CLUB
Pour s'allonger
Le « BedRestaurant » avec une cuisine euro asiatique de premiè-re classe et un sound raffiné, approprié à l'ambiance. Le nom-bre des places pour s'allonger est

limité ; en l'occurrence, la réservation des places est obligatoire.

tél.069 900200, heures d'ouverture mardi-samedi à partir de 20h, vendredi et samedi Midnightsilk à partir de 24h, **E-Mail:** *reservierung@cocoonclub.net*

MICRO IM COCOON CLUB *Le monde mange micro* Regarder, écouter, discuter, s'amuser. Tout simplement faites ce que vous voulez.

Heures d'ouverture : mardi-jeudi 19-3h, vendredi et samedi 19-6h, la cuisine tous les jours à 24h, menu nocturne vendredi et samedi 23-6h

After-Work

La pulsation de la vie est beaucoup plus rapide à Francfort que dans d'autres villes. Cela est dû, entre autres, au fait que les gens qui travaillent dans les banques, restent en contacte avec les pays du monde entier quasiment 24 heures sur 24. Afin de se reposer un peu de cette vie frénétique et changer un peu d'idées, des partys après le boulot sont recommandés. En voici quelques exemples :

MONZA

City, Berliner Straße 74, chaque mercredi à partir de 18h, **www.after-business-party.de**

EURO DELI

City, Neue Mainzer Straße 60-66, chaque mardi à partir de 18, **www.eurodeli.de**

ÄPPLER-GALERIE

Sachsenhausen, Klappergasse 9, chaque jeudi à partir de 17h, **www.aepplergalerie.de**

Summer
IN THE City

Un été en ville offre un tas de distractions. De nombreuses terrasses et des arrière-cours invitent à y faire une pause, des parcs invitent à y faire des pique-niques, des piscines invitent à s'y rafraîchir. Et le Main ? Le Main attire grâce à ses plages.

GALERIE BEACH CLUB *Ostend, Riederhofstraße 25, tél. 069 40143842, heures d'ouverture: à partir d'avril lundi-vendredi à partir de 15h, samedi et dimanche à partir de 12h,* **www.galerie-frankfurt.de**

KING KAMEHAMEHA BEACH CLUB *Hafeninsel 2, Offenbach, tél. 069 4800370, heures d'ouverture: à partir du mai lundi-samedi 15-1h, dimanche 12-1h,* **www.king-kamehameha.de**

SANSIBAR ROOFGARDEN *Ostend, Hanauer Landstraße 190, tél. 069 48904977, heures d'ouverture : à partir du mai mercredi-samedi 19-3h,* **www.sansibar.us**

Cafés
A
Francfort

Aussi à Francfort se sont installées de nombreuses chaînes de Coffee-Shops, s'il s'agit de Frazer, Segafredo, Starbuks ou de World-Coffee. Localisées dans des endroits sereins et limités, elles offrent des spécialités de café et des gâteaux bien assortis. Bien sûr, comme dans chaque ville du monde, tout est à emporter. Sur les deux pages qui suivent, se trouvent des adresses les plus recommandées à tous ceux qui, à part le café servi dans des gobelets en papier, aiment bien le café traditionnel.

CAFÉ LAUMER *Une caféterie classique*

Depuis 100 ans, l'incarnation de la tradition des pâtissiers de Francfort. Aussi le philosophe Theodor W. Adorno aimait bien le grand choix des tartes et le menu ample. Le Café Laumer (photo page 142) possède aussi un très beau jardin.

Westend, Bockenheimer Landstraße 67, tél. 069 727912,
heures d'ouverture : lundi-samedi 8-19h, dimanche 9-19h, U6/7 Westend,
www.cafe-laumer.de

ALTES CAFÉ SCHNEIDER

City, Kaiserstraße 12, tél. 069 281447, heures d'ouverture lundi-vendredi 7-19h, samedi 8-18h,
U- et S-Bahn Hauptwache

CAFÉ LIEBFRAUENBERG

City, Liebfrauenberg 24, tél. 069 287380,
heures d'ouverture : lundi-samedi 8-22h, dimanche 9-22h, U- et S-Bahn Hauptwache

CAFÉ WACKER *Une institution francfortoise*

Le petit Café Wacker pourrait servir d'exemple aux Coffee-Shops

d'aujourd'hui, car depuis des dizaines d'années, des Francfortois se donnent ici des rendez-vous pour prendre un café excellent tout en restant debout. Entre-temps, le Wacker a ouvert de nombreuses filiales à Francfort et dans de nombreux endroits, il offre le café de ses propres installations de torréfaction. Les locaux dans le Mittelweg et la Berger Strasse sont particulièrement agréables. A part le vin de pommes de terre, le Francfortois considèrent le Café de Wacker comme une vraie spécialité. E tout cas, selon eux, c'est le meilleur local de café à Francfort.

Nordend, Mittelweg 47, tél. 069 550242,
heures d'ouverture : lundi-samedi 8-19h, samedi et dimanche 9-19h, U1/2/3 Eschenheimer Tor,
www.wackers-kaffee.de

Découvrir **Francfort!**

Un billet pour **voyager & économiser**

Billet journalier 8,00 Euro + 2 billets journaliers 12,00 Euro

Une course gratuite avec des moyens de transports en commun dans la zone citadine de Francfort-sur-le-Main, y compris l'aéroport. Tarifs réduits jusqu'à 50% pour 22 musées, le zoo, le Palmengarten, pour les tours de ville, les tours en bateaux de KD. Réductions des prix pour les restaurants, cafés, bars et certains petits magasins. Billest valides pour 2006/2007.

Points de ventes :
Tourist Information Römer et Hauptbahnhof, Hauptwache, l'office des réservations d'hôtel à l'aéroport, tous les canaux de distribution de Ticketscorner et certains hôtels.

Information et réservation
Tourismus+Congress GmbH Frankfurt am Main
Kaiserstraße 56
60329 Frankfurt am Main
Tel. +49 (0) 69 / 21 23 87 03
Fax +49 (0) 69 / 21 23 07 76
info@tcf.frankfurt.de
www.frankfurt-tourismus.de

Tourismus+Congress GmbH
Frankfurt am Main

Sortir quand nous avons
UNE (PETITE) faim

DE HAUTE BOURGEOISIE

BINDING AM GOETHEHAUS A proximité de la Goethehaus, se trouve la Taverne Binding près de la Goethehaus, où une brasserie traditionnelle de Francfort montre son drapeau dans un lieu historique. Aménagée de

 façon rustique et confortable, elle est bien adaptée à offrir des plats de régions alpines. Des plats de gibier sophistiqués et des plats classiques robustes, ainsi que des menus de jour et de semaine modifiés assez régulièrement, dont les plats préférés de Goethe font partie intégrante, constituent déjà un choix assez grand pour mettre fin à une petite et à une grande faim.

City, Weißadlergasse 15, tél. 069 15393000, U- et S-Bahn Hauptwache, heures d'ouverture : lundi-dimanche 11-1h, ***www.binding-am-goethehaus.de***

VINUM, RHEINGAUER WEINKELLER

City, Kleine Hochstraße 9, tél. 069 293037, heures d'ouverture : lundi-vendredi 16-1h, samedi 18-1h, ***www.vinum-frankfurt.de***

L'ITALIE RAFFINEE

OSTERIA LA VILLA Pas très loin de l'Alte Börse et du quartier des banques, dans un vieux local pour les invités de la résidence de Holtzhausen, se trouve l'Osteria La Villa. Les murs peints en rouge, le bois sombre et les pavées en terre cuite créent une ambiance méditerranéenne. Sur la liste des vin se trouvent, entre autres, des spécialités de Sicile et de Calabre. En été, une terrasse située dans le jardin en face du local, invite à y faire une pause.

Nordend, Baustraße 16, tél. 069 95524771, U1/2/3 Grüneburgweg, heures d'ouverture : lundi-vendredi 12-15h et 18-23h, samedi 18-23h

AQUAPAZZA

Westend, Westendplatz 42, tél. 069 172028, U6/7 Westend,
heures d'ouverture : lundi-vendredi 12-14h et 19-22h, samedi et dimanche 19-22h

OSTERIA ENOTECA

Rödelheim, Arnoldshainer Straße 2, tél. 069 7892216,
heures d'ouverture : lundi-vendredi 12-14h et 19-22h, samedi 19-22h

ITALIE ALLA MAMMA

L´ISOLA SARDA L'Osteria L'Isola Sarda prend un grand soin et cultive la cuisine de Sardaigne. Des nouilles, du porc, du gibier ou de l'agneau –

les ingrédients naturels et toujours frais sont assaisonnés d'épices typiques pour la région et présentés d'une façon très esthétique. Le menu change en fonction de la saison et de l'offre du marché. A tout cela s'ajoute une longe liste de vins exclusivement de Sardaigne. Des desserts préparés selon les recettes traditionnelles constituent un supplément de menu très intéressant.

Nordend, L'Isola Sarda, Rothschildallee 38, tél. 069 462206, U4 Höhenstrasse, heures d'ouverture :
*lundi-vendredi 12-14h et 18-24h, samedi et dimanche 12-24h, **www.lisolasarda.de***

GARIBALDI

City, Kleine Hochstraße 4, tél. 069 21997644, U- et S-bahn Hauptwache,
heures d'ouverture : lundi-samedi 12-23h, dimanche à partir de 18h

CROSSOVER EXCLUSIV

GARGANTUA Klaus Trebes rédige des colonnes entières sur la nourriture et les boissons et il donne des cours de cuisine en Toscane. Entre temps, il fait la cuisine sans son propre local aménagé dans un style rustique, où il prépare de préférence des plats robustes très raffinés. Des créations inhabituelles, comme, p.ex. : la soupe de truffes noires et le rôti de veau garni de poires et de roquefort, servi avec de la chicorée brassé et des Radicchio di Treviso font parti du menu, de même que le cabillau accompagné de brandade, le poisson-bâton avec de la purée de pommes de terre et les Pimientos del Patron.

Westend, Liebiegstraße 47, tél. 069 720717, U6/7 station d'arrêt Westend,
heures d'ouverture : lundi-vendredi 12-15h et 18-1h, samedi 18-1h

BUSINESS

REMISE RESTAURANT En 1880, M. Livingstone rentra des Etats-Unis à Francfort et il fit construire une remise en vue d'y mettre sa machine, ainsi que celles de ses amis. Des figures énormes sur le toit de l'édifice font penser à lui et à ses partenaires d'affaires. En 2004, après la réalisation des travaux de rénovation, la remise est devenue perle de la gastronomie de Francfort. La grande porte en verre crée une ambiance méditerranéenne. Par contre, un petit menu attire avec une offre de plats à partir de 49 Euros.

Westend, Ulmenstraße 20, tél. 069 728572, U6/7 Westend, heures d'ouverture :
lundi-vendredi 12-15h et 18-22h

DIE LEITER

DIE LEITER

City, Kaiserhofstraße 11, tél. 069 292121,
U- et S-Bahn Hauptwache, heures
d'ouverture: lundi-samedi 12-1h,
www.dieleiter.de

MEYER´S RESTAURANT & BAR

City, Große Bockenheimer Straße 54,
tél. 069 91397070,
U6/7 Alte Oper,
heures d'ouverture : lundi-samedi 10-24h,
www.meyer-frankfurt.de

LA FRANCE RAFFINEE

VILLA MERTON Aussi les invités de nuit sont bienvenus au restaurant Merton, une propriété splendide de l'Union International Club. Son nom vient de la société métallurgique Wilhelm Merton.
Sous son plafond stuqué, entouré de murs peints en jaune chaud et

décorés d'art moderne, on sert des créations épicées avec passion. Si c'est une soupe d'oranges au gingembre, des truffes noires, une soupière de foies d'oie, les noix de St. Jacques à l'ail et au curry ou bien, la poitrine de pigeon dans la pâte croustillante ou les échalotes caramélisées, la fantaisie du chef de cuisine n'en connaît pas de limites.

Bockenheim, Am Leonardsbrunnen 12, tél. 069 703033, U6/7 Bockenheimer Warte, heures d'ouverture : lundi-vendredi 12-14h et 18-22h

ERNO´S BISTRO

*Westend, Liebigstraße 15, tél. 069 721997, U6/7 Westend, heures d'ouverture : lundi-vendredi 12-14h et 19-22h, **www.ernosbistro.de***

LA FRANCE CHARMANTE

JASPERS Un peu de France dans l'arrière-cour de Sachsenhausen offre la brasserie avec sa salle pour les invités équipée de lampes dans le style de l'art nouveau, des miroirs, des affiches, des tableaux, avec beaucoup de bois sombre et une table de repas avec des plats actuels. La cuisine d'Alsace typique avec la tarte flambée ou le Backoffe se mélange avec des délices français tels que les noix de St. Jacques aux asperges ou la langue d'agneau à la sauce de raifort, sans oublier le poulet au vin blanc avec le gratin de pommes de terres fait maison. A part tout cela, le patron Michel offre un choix solide de vins à prix intéressants.

Sachsenhausen, Schifferstraße 8, tel. 069 614117, linee S2-6 fermata Lokalbahnhof, orari d'apertura: Lu-Sa ore 19-1

MAASCHANZ

*Sachsenhausen, Färberstraße 75, tél. 069 622886, U1/2/3 Schweitzer Platz, heures d'ouverture : mardi-dimanche 8-1h, **www.maaschanz.de***

ESPAGNOL

LEON GARCIÁS Dans une ambiance confortablement pâle, on sert des plats de cuisine espagnole de top. Le chef de cuisine se dédie en particulier à la préparation des poissons. Et les tapas offrent – avec plus de 30 variantes par jour, à partir des tortillas jusqu'aux boquerones fritos et l'espinaca con pasas - un choix délicieux pour mettre fin à une petite faim. En été, la terrasse invite à y faire une sieste de midi.

Bornheim, Kantstraße 25,], tél. 069 49083588, U4 station d'arrêt Merianplatz, heures d'ouverture : lundi-vendredi 9-1h, samedi et dimanche 9-2h

LA BOVEDA

Westend, Feldbergstraße 10, tél. 069 723220, U6/7 Westend, heures d'ouverture : lundi-vendredi 12-14h et 18-1h, samedi et dimanche 18-2h, **www.la-boveda.de**

CASA PINTOR

Nordend, Bornwiesenweg 75, tél. 069 5973723, U1/2/3 Grüneburgweg, heures d'ouverture : lundi-dimanche 18-2h **www.casapintor.de**

ASIATIQUE

IWASE Ce restaurant japonais est sobre et agréable, et les plats faisant partie du menu très riche incitent la confiance de même que le choix de nombreuses variantes de sushi frais. En ce qui concerne les boissons, on offre ici une boisson de yaourt dite Calpis, de la sake refroidie et chaude, jusqu'à un grand éventail des schnaps japonais. Bien évidemment, la soupe japonaise Miso ne peut pas y manquer et pour le dessert, il y a des glaces au thé vert avec de la compote de grains de café noirs sucrée. Difficile de trouver quelque chose de mieux.

City, Vilbeler Straße 31, tél. 069 283992, U4-U7, Konstablerwache, heures d'ouverture : lundi 18.30-22.30h, mardi-samedi 12-14h et 18.30-22.30h

SUVADEE C'est un restaurant classique parmi les restaurant thaïlandais à Francfort. Un folklore thaïlandais typique avec des statues de Buddha et des autels à la maison créent une ambiance particulière ; la grande variété des plats est à prendre en considération. Cet local fait rêver tous les amateurs de la cuisine thaïlandaise. La pasta de riz merveilleusement croustillante sous une sauce crémeuse d'arachides servie avec des gambasses, le canard à l'anacarde avec de la sauce de tamarindo très riche ou des fruits de mer dans des feuilles des bananiers avec de la crème des noix de coco réveillent les souvenirs des vacances en Thaïlande.

Bornheim, Baumweg 19, tél. 069 4940764, U4 Merianplatz,
heures d'ouverture : mardi-vendredi 12-15h et 18-23h, samedi et dimanche 12-23h

KOREA

City, Große Friedberger Straße 34, tél. 069 21939489, U- et S-Bahn Konstablerwache,
heures d'ouverture : lundi-samedi 12-15h et 18-22h

RAMA V

City, Vilbeler Straße 32, tél. 069 21996488, , U- et S-Bahn Konstablerwache,
heures d'ouverture : lundi-samedi 12-15h et 18-1h, dimanche 18-1h

MEXICAIN

JOE PEÑA'S La Peña est le précurseur de la cantine et elle signifiait à l'origine la « maison de repas du peuple ». Des couleurs de terre et jaune chaudes créent une ambiance particulière, sans kitsch et fioritures. L'intérieur est aménagé de façon rustique et discrète. Le menu est aussi bien original que

varié. Nachos, tortillas, bourritos, les classiques de la cuisine mexicaine, proposée dans des variantes et orientations du goût différentes. A part cela, il y a de la salade fraîche et croquante et des desserts délicieux. C'est même intéressant pour les végétariens. Le Joe Peña's ce n'est pas seulement une cantine, mais c'est aussi un bar – avec un listing de plus de 100 cocktails, tous les désirs sont satisfaits.

Bockenheim, Robert-Mayer-Straße18, tél. 069 7075156, U4, U6/7 Bockenheimer Warte,
heures d'ouverture : 17-1h, orari d'apertura: ore 17-1, www.joepenas.de

EL PACIFICO

Bornheim, Sandweg 79, tél. 069 446988, U4 Merianplatz,
*heures d'ouverture : lundi-dimanche 17-24h, **www.elpacifico.info***

INDE

PALACE OF INDIA Des plats indiens dans une ambiance agréable –
c'est ce que garantit le Palace of India. Le curry constitue la base de la
cuisine indienne, peu import si c'est avec des légumes, du poulet, de
l'agneau ou du poisson – des compositions d'épices varient en fonction
des plats et enchantent le palais. A part cela, l'offre englobe des plats
grillés et d'autres spécialités originales. Quelque chose d'exceptionnel
dans la région Main-Rhin : du moins une fois par mois, des musiciens
indiens se produisent live sur la petite scène du Palace of India.

City, Palace of India, Vilbeler Straße 27, tél. 069 280854, U- et S-Bahn Konstablerwache,
heures d'ouverture : lundi-dimanche 12-14h et 18-23h

TAJ MAHAL

Sachsenhausen, Schweizer Straße 28, tél. 069 620240, U1/2/3 Schweitzer Platz,
*heures d'ouverture : lundi-dimanche 12-14h et 18-23h, **www.tajmahal-restaurant.de***

MAYUR

City, Berliner Straße 10, tél. 069 2979293, U- et S-Bahn Konstablerwache,
*heures d'ouverture : lundi-dimanche 12-14h et 17-23h, **www.restaurant-mayur.com***

STEAK HOUSES &
AMERICAN RESTAURANTS

SURF'N'TURF Le restaurant est presque applaudi comme « le meilleur
steak house américain en dehors des Etats-Unis ». De toute façon, il offre
de meilleurs steaks dans la région. Des morceaux de viande emballés sous
vide sont présentés sur la table. A partir de petits format pour les dames
sous forme du Ladysteak jusqu'aux Jumbo-T-Bone-Steak qui pèse presque
1 kilo : les invités peuvent choisir en fonction de leur désir, appétit et
quantité de l'argent qu'ils veulent dépenser. A part cela, le restaurant
offre des poissons et des fruits de mer, ces derniers étant un ingrédient

important du plat « Surt'n'Turf »
(un steak de filet et une queue
d'homard) affascinante e con-
fortevole, come pure la terrazza.

Westend, Grüneburgweg 95,
tél. 069 7222122, U6/7 Westend,
heures d'ouverture : lundi-vendredi 12-15h et
18-24h, samedi 18-24h,
www.the-steakhouse.de

N.Y.C

Sachsenhausen, Hans-Thoma-Straße 1,
tél. 069 614818, U1/2/3 Schweitzer Platz,
heures d'ouverture : lu-je 9-1h, ve et sa 9-2h,
*di 9-24h, **www.nyc-frankfurt.de***

BLOCK HOUSE

Westend, Wiesenau 1,tél. 069 7233939, U6/7 Westend, heures d'ouverture : lundi-dimanche 12-24h,
www.block-house.de

VITE FAIT & BON

SOUPER   Le nom est le programme : de très bonnes soupes et des potées,
dans un petit (0.3l) ou un grand (0.5l) format, des plats exotiques (soupe thaïlandaise aux noix de coco et au poulet, soupe avec des patates, des
limettes et des gambasses), des plats forts (potée de lentilles avec des petites saucisses, soupe avec de la viande hachée, du fromage et du poireau) et
des plats modernes (crème à l'ail des ourses au vin blanc, gaspacho), servis
à chaud ou à froid. A tout cela s'ajoutent des paninis croustillants et en été,
des tapas, des smoothies et un buffet de salades variées.

City, Weißadlergasse 3, tél. 069 29724545, U- et S-Bahn Hauptwache,
*heures d'ouverture : lundi-vendredi 11-16h, samedi 12-17h **www.souper.de***

PLÖGER DELIKATESSEN

City, Große Bockenheimer Straße 30, tél. 069 138711-0, U- et S-Bahn Hauptwache,
heures d'ouverture : lundi-vendredi 10-19h, samedi 8-18h

VAPIANO

City, Goetheplatz 1-3, tél. 069 92887888, U- et S-Bahn Hauptwache,
*heures d'ouverture :lundi-dimanche 10-24h, **www.vapiano.de***

BON & BON MARCHE

FISCH FRANKE   Depuis 1920, Fisch Franke est un exemple d'hospitalité et de très haute qualité. Des poissons et de fruits de mer variés, livrés tout frais et préparés à la main, garantissent un goût de plats unique. Parmi les spécialités de la maison il faut mentionner les fruits de mer etagére à la Frank et les poissons de la poêle à la Frank.

City, Fisch Franke, Domstraße 9-11, tél. 069 296261, U4 Römer,
heures d'ouverture : lundi-vendredi 11-21h, samedi 11-17h

APFELWEIN KLAUS

City, Meisengasse 10, tél. 069 282864, U- et S-Bahn Hauptwache,
heures d'ouverture : lundi-samedi 11-23h

GREC

KNOSSOS   Le Knossos est un classique de gastronomie de Francfort et cela depuis 20 ans. Dans le menu, il y a des plats de la nouvelle cuisine grecque, des hors-d'œuvre, des compositions de légumes et de salades, des plats d'agneau et un grand choix de poissons.

Bornheim, Luisenstraße 7,
tél. 069 444796, U4 Merianplatz,
heures d'ouverture :
lundi-samedi 16-1h, dimanche 12-1h

NIBELUNGENSCHÄNKE

Nordend, Nibelungenallee 55, tél. 069 554244, U5 Nibelungenallee,
heures d'ouverture : lundi-vendredi 12-14h et 17-2h, samedi 17-2h, dimanche 12-2h

EXIS

Nordend, Jahnstraße 52, tél. 069 59794614, U1/2/3 Eschenheimer Tor,
heures d'ouverture : lundi-vendredi 12-15h et 18-24h, samedi 18-24h

ARABE

ZENOBIA Comme la Palmyre antique, le restaurant Zenobia montre sa

splendeur incomparable. Des lampes, des mosaïques, des fresques et des meubles – presque tout fait à la main et d'origine de Damas. Cependant, l'offre du menu ne suit pas l'intérieur : des plats magnifiques préparées à la main, des ingrédients frais et la préparation selon des recettes

traditionnelles traduisent le goût authentique de la cuisine syro-libanaise.

Westend, Palmengartenstraße 8, tél. 069 751075, U4/6/7 Bockenheimer Warte,
heures d'ouverture : 12-24h

SCHANDIS

Nordend, Nordendstraße 2, tél. 069 557337, U5 Nibelungenallee,
heures d'ouverture : lundi-vendredi 12-15h et 18-23h, samedi et dimanche 12-23h

KHAYYAM

City, Steinweg 7, tél. 069 2199696, heures d'ouverture : lundi-samedi 12-15h et 17-23h,
www.khayyam-frankfurt.de

TURC

TÜRKIS Pour les amateurs de la cuisine turque il y a une adresse intéressante à Francfort : le Türkis dans la Bethmannstrasse. Un grand éventail d'hors-d'œuvre à froid et à chaud, des plats grillés et de poissons, des plats typiques en plats de terre cuite et, bien naturellement, des desserts délicieux sont au choix.

City, Bethmannstraße 11, tél. 069 296694, U4/5 Römer,
heures d'ouverture : lundi-vendredi 12-14h et 17-24h, samedi et dimanche 17-24h

TANDURE

Sachsenhausen, Wallstraße 10, tél. 069 612543, S2-6 Lokalbahnhof,
heures d'ouverture : lundi-dimanche 12-15h et 18-24h, **www.tandure-frankfurt.de**

Logement
ᴬ Francfort

2005 a été pour Francfort une année d'ouverture de nouveaux hôtels. Et la tendance continue. Dans le proche avenir, les invités auront au choix 181 hôtels de catégories et dans des localisations différentes, où ils pourront se reposer. Seulement l'embarras de choix devient de plus en plus grand, car il faut choisir entre le neuf, le noble, le hipp et le bon marché. Avec sept hôtels de 5 étoiles localisés en plein centre de la ville, Francfort offre une densité confortable de possibilités où passer la nuit. Malheureusement, durant des périodes de foires, les prix d'hôtels augmentent de façon significative. Ce qui est recommandé, c'est de s'en informer à l'avance.

HOTEL ROCCO FORTE VILLA KENNEDY ***** La villa Rocco Forte de Kennedy à Sachsenhausen fait partie intégrante de la villa Speyer historique. Cet hôtel de luxe de classe internationale à 163 chambres et

suites, offre des centres Wellness et Spa, un bain turc, un bar et des salles de fête pour les congrès et les banquets. La cour interne tranquille avec de beaux arbres est utilisée en été en tant que terrasse. Le bar & lounge de JFK, pareil que le restaurant Gusto, faisant partie intégrante de l'hôtel, donnent sur la cour interne. A partir de 245 Euro par personne/chambre double.

*Sachsenhausen, Kennedyallee 70, tél. 069 717120, **www.rocco-forte-villa-kennedy.de***

STEIGENBERGER
FRANKFURTER HOF *****

City,
Am Kaiserplatz 1,
tél. 069 21502,
U4/5 Willy-Brandt-Platz,
à partir de 90 Euros par
personne/chambre double,
www.frankfurter-hof.
steigenberger.com

INTERCONTINENTAL *****

City, Wilhelm-Leuschner-Straße 43, tél. 069 26050, U- et S-Bahn Hauptbahnhof, à partir de 110 Euros p.p./chambre double, **www.ichotelsgroup.com**

HILTON *****

Tout près de l'Anlganenring, à proximité directe du centre-ville, un restaurant extraordinaire avec la cuisine californienne.

City, Hochstraße 4, tél. 069 133800-0, U1/2/3 Eschenheimer Tor, à partir de 120 Euros p.p./chambre double **www.hilton.com**

MARITIM *****

Bockenheim, Theodor-Heuss-Allee 3, tél. 069 75780, U4 Messe, à partir de 150 Euros p.p./chambre double, **www.maritim.de**

ARABELLA SHERATON GRAND HOTEL *****

City, Konrad-Adenauer-Straße 7, tél. 069 29810, U- et S-Bahn Konstablerwache à partir de 75 Euro p.p./chambre double **www.starwoodhotels.com/frankfurt**

HESSISCHER HOF *****

Westend, Friedrich-Ebert-Anlage 40, tél. 069 75400, U4 Messe, à partir de 150 Euros p.p./chambre double, **www.hessischer-hof.de**

GERBERMÜHLE En mars 2006, après de longs travaux de rénovation, le Gerbermühle sera de nouveau ouvert au public. Il devrait devenir symbole de Francfort-sur-le-Main, c'est du moins ce que avait promis le propriétaire Werner Kindermann lors de la Richtfest en août 2005. Cet hôtel à 24 chambres se trouve dans une localisation idyllique sur le Main, entre Francfort et Offenbach. Le Gerbermühle est devenu très connu grâce à Goethe, fils fameux de Francfort, invité en 1815 par le banquier von Willemer à passer un été dans sa résidence où il flirtait avec l'épouse de son hôte, Marianne. En été, quand il fait chaud le soir, le jardin de bière de Gerbermühle est l'une des destinations préférées des habitants de Francfort. Prix : n'ont pas encore été communiqués.

Oberrad, Deutschherrnufer 105

HOTEL THE PURE **** Début septembre 2005, a été ouvert à Francfort le premier hôtel de marque, The Pure. C'est quelque chose pour les amateurs

des lignes claires. Comme l'indique le nom de l'hôtel, les 50 chambres dans le style de Gründerzeit, à proximité de la gare, sont peintes en blanc avec des accents oranges et équipées de matériels nobles. Pour terminer la journée et pour récupérer ses forces avant de commencer la soirée, il est recommandé de passer à la Lobby avec son bar de séjour ou au petit local de fitness. A partir de 50 Euros p.p./chambre double.

*Innenstadt, Niddastraße 86, tél. 069 7104570, **www.the-pure.de***

RADISSON SAS HOTEL **** Une façade ronde bleue 90 mètres d'hauteur, conçue par le designer italien Matteo Thun, où se reflètent la lumière et les nuages, attire l'attention de loin : en novembre 2005, le hôtel Radisson SAS Hotel a été ouvert dans la partie ouest de Francfort. Localisée à environ 1,5 km du terrain de la foire, cette construction imposante offre 428 chambres. La Lobby attire l'attention grâce à une tour de verre lévitante avec 1500 bouteilles de vin. De nombreux restaurants, ainsi qu'un bar avec un lounge de cigares garantissent un confort remarquable.

*West, Franklinstraße 65, tél. 069 7701550, **www.frankfurt.radissonsas.com***

HOTEL CULT ****

L'Hôtel Cult est aussi un hôtel nouveau ouvert à Sachsenhausen. Après la finition des travaux de rénovation profonde en septembre 2005, quatre-vingt chambres de l'ancien hôtel

Mühlberg sont de nouveau à la disposition des invités. Dans le proche avenir, cet hôtel de 4 étoiles sera complété de salles de congrès et de nouveaux appartements. A partir de 40 Euros p.p./chambre double.

*Sachsenhausen, Offenbacher Landstraße 56, tél. 069 9624460, **www.hotelcult.de***

LINDNER HOTEL MAIN PLAZA **** A partir de juillet 2005, le Lindner Hotel Main Plaza a augmenté sa capacité à 118 chambre et suites. Ce gratte-ciel dans le style de New-York des années 30, utilisé seulement en partie comme hôtel, a subi une transformation profonde suite à quoi il est devenu un hôtel très élégant. Localisés directement au bord du Main de Sachsenhausen, les deux restaurants de luxe, New Brick et Leon Garcias, ainsi que l'Harry's New York Bar renommé, offrent un choix très riche de plats de cuisine et de vins. Un centre Spa de 450 m2, localisé à Main Plaza Health Club, invite à s'y détendre et se reposer.

*Sachsenhausen, Walther-von-Cronberg Platz 1, tél. 664014433, **www.lindner.de***

MARRIOTT ****

Bockenheim, Hamburger Allee 2-10, tél. 069 79550, U4 Messe,
*à partir de 65 Euros p.p./chambre double, **www.marriot.de***

DORINT HOTEL SAVIGNY ****

City, Savignystraße 14-16, tél. 069 75330, U- et S-Bahn Hauptbahnhof, à partir de 110 Euros
*p.p./chambre double, **www.sofitel.com***

LE MÉRIDIEN ****

City, Wiesenhüttenplatz 28-38, tél. 069 26970,
U- et S-Bahn Hauptbahnhof,
à partir de 65 Euros p.p./chambre double,
www.frankfurt.lemeridien.com

HOTEL PALMENHOF ***

Très agréable, équipée d'antiqui-tés, chacune des 46 chambres y est unique. Cette construction avec une façade de Gründerzeit de XIXème siècle se trouve à proximité du Palmen-garten, à Westend, quartier de Francfort de Nobel. En quelques minutes à pied, on arrive à L'Alte Oper et au centre de la ville. A partir de 35 Euros p.p./chambre double.

*Westend, Bockenheimer Landstraße 89-91, tél. 069 7530060, **www.palmenhof.com***

HOTEL NIZZA *** au début conçu pour les acteurs et les artistes, l'Hôtel Nizza est aussi adapté aux besoins de hommes d'affaires, des visiteurs de foires et à ceux des touristes. Localisé entre le quartier des banques et la rive aux musées, entre la Theaterplatz et la foire, à 5 mn à pied du Hauptbahnhof, ce hôtel caché derrière sa façade de Gründerzeit minutieusement rénovée, offre 25 chambres avec les sols en parquet, sans pluche ni plastique. Le jardin sur le toit avec un panorama magnifique de la Skyline de la ville, est particulièrement apprécié. A partir de 65 p.p./chambre double.

City, Elbestraße 10, tél. 069 2425380
www.hotelnizza.de

FLEMING`S HOTEL *** Localisé à proximité directe de l'Hauptbahnhof de Francfort dans l'ancienne maison de Bellaphon près de la Platz der Republik et ouvert au printemps 2005, c'est un hôtel de chaîne « Fleming's Hotels » avec 96 chambres. Il s'agit d'un premier hôtel de 4 étoiles à Francfort de la nouvelle marque « Fleming's Hotels & Restaurants ». les chambres sont aménagées de manière postmoderne ave beaucoup de bois. La brasserie Fleming's offre une cuisine de première classe dans une ambiance agréable, ainsi que des délices à emporter et un grand choix de vins. A partir de 35 Euros p.p./chambre double.

City, Mainzer Landstraße 87-89, tél. 069 8080800,
www.flemings-hotels.com

HOTEL TOWNHOUSE ***
Complètement rénové et aménage dans le style classique moderne d'une villa citadine, l'hôtel Townhous se trouve tout près de l'Hauptbahnhof. Les 30 chambres sont claires et appropriés au style, la réception avec une Lobby agréable est combinée dans le style d'une bibliothèque et équipée d'une cheminée et d'un bar. A partir de 40 Euros p.p./chambre double.

City, Münchner Straße 42, tél. 069 71044950,
www.townhousehotel.de

BRISTOL ***

City, Ludwigstraße 15,
tél. 069 242390,
U- et S-Bahn Hauptbahnhof,
à partir de
35 Euros p.p./chambre double
www.bristol-hotel.de

STEIGENBERGER FRANKFURT-CITY ***

City, Lange Straße 5-9, tél. 069 219300, U- et S-Bahn Konstablerwache,
à partir de 85 Euros p.p./chambre double,
www.frankfurt-city.steigenberger.de

SAVOY HOTEL ***

City, Wiesenhüttenstraße 42,
tél. 069 27396249,
U- et S-Bahn Hauptbahnhof,
à partir de
40 Euros p.p./chambre double
www.savoyhotel.de

KOLPING HOTEL FRANKFURT **

Localisé tout près de l'Allerheiligentor et à quelques pas de l'Anlagenring historique, le Kolping Hotel se trouve au centre de la ville dans une rue animée. Conformément à l'idée de son fondateur Adolph Kolping, le personnel de l'hôtel possède de très hautes qualifications ; c'est ici que 100 étudiants ont fait leurs diplômes dans le domaine de la gastronomie. Les 52 chambres sont aménagées de façon très appropriée.
A partir de 45 Euros p.p./chambre double.

City, Lange Straße 26,
tél. 069 299060,
www.kolpinghotel-frankfurt.de

MAISON DE JEUNESSE, HAUS DER JUGEND   Elle est recommandée en particulier pour les jeunes et les touristes qui sont restés jeunes. Ici, il est possible de passer une nuit aussi bien dans une chambre à 10 lits et une douche par étage que dans une chambre individuelle avec sa propre douche ; le prix varie en fonction du standard. Le prix du logement le moins cher se chiffre à 16,50 Euros pour les juniors au-dessous de 26 ans (21 Euros pour les seniors). Qui ne possède pas de carte d'identité de l'auberge, peut l'acheter au moment de la réservation ; le prix à partir de 12 Euros. L'auberge est équipée de 430 lits. Elle fermé à 2h du matin et dans la majeure partie, son équipement est adapté aux touristes handicapés.

*Sachsenhausen, Deutschherrnufer 12, tél. 069 6100150, **www.jugendherberge-frankfurt.de***

FOIRES
A
Francfort

Francfort st la ville des foires la plus importante en Allemagne et l'un des plateformes de commerce les plus importants à l'échelle mondiale, pas seulement sur le plan de l'argent. La tradition des foires de Francfort date depuis très longtemps et elle a toujours été très soignée et maintenue par les autorités de la ville. Environ 50 foires à Francfort avec plus de 2 millions des visiteurs et des exposants par an, déterminent aujourd'hui la notion de la ville de Francfort en la définissant comme une métropole d'économie internationale qui attribue de cette façon à la compréhension et à la rencontre des cultures différentes.

LES FOIRES LES PLUS IMPORTANTES :

AMBIENTE La plus grande foire du monde des biens de consommation dans le domaine Living, Dinig & Giving. En principe, la foire Ambiente a lieu tous les ans en février. Cependant, afin de pouvoir visiter toutes les expositions de cette foire, il faut avoir un laissez-passer de visiteur spécialisé dans le domaine. Au centre de la ville, la foire Ambiente est accompagnée d'un dimanche d'ouverture des magasins. Un highlight particulier: lors de ce cette foire est ouverte la salle n° 10 où on présente sur une « table couverte » les produits en porcelaine les plus renommés.

www.ambiente.messefrankfurt.com

IAA Internationale Automobil-Ausstellung, la foire internationale des toutes les automobiles du monde. En principe, elle a lieu tous les deux ans, toujours dans des années impaires, en septembre. Elle est le lieu d'expositions de tous les nouveaux modèles d'automobiles et des innovations dans le domaine. L'IAA est accessible aux visiteurs dans le jardin de visite. Un highlight : de nombreuses présentations dans des salles de foire et sur l'agora.

www.iaa.de

INTERNATIONALE FRANKFURTER BUCHMESSE En principe, en octobre de chaque année. Avec environ 7 000 exposants de plus de 110 pays, la Foire des livres de Francfort n'est pas seulement la plus grande foire de ce type, mais c'est aussi un forum d'échange parmi les cultures. Ici, on commercialise non seulement les droits et de licences de traduction, mais aussi la littérature et le monde des livres sont palpables. Chaque année, la Foire des livres de Francfort présente « un pays d'hôte » pour qui elle organise des expositions spéciales. Le week-end, la Foire des livres est ouverte au public. Des highlights : des lectures et des représentations sur le terrain de la foire et dans la ville, la decernation du Prix de la Paix aux marchands des livres allemands à l'église de St. Paul.

www.buchmesse.de

Pour en savoir plus sur toutes les foires accessibles sur :
www.messefrankfurt.com

GALERIES
A
Francfort

Francfort ce n'est pas seulement la « villes des musées », il y a également des galeries de plusieurs types. Presque dans tous les quartiers de la ville, des artistes et des lieux d'expositions de l'art se retrouvent de façon plus

LOIS WEINBERGER, DISEGNO, 1993; FONTE: KUNSTKONTOR-FFM.DE

ou moins cachée. Et ce n'est pas non plus seulement la rue Braubachstrasse à la City, débouchant sur la Fahrgasse, près du point d'attraction MMK (voire la page 36) bien connu de tout le monde, qui constitue un centre d'expression créative et un marché d'art. Ci-après, l'agence

WWW.KUNSTKONTOR-FFM.DE nous présente quelques lieux de Francfort liés par excellence à l'art moderne :

La **GALERIE BÄRBEL GRÄSSLIN** existe depuis 1985 et depuis 1986, elle a son siège dans la Bleichstrasse. Le programme englobe en général les représentants de l'art allemand des années 80 et 90 à renommée internationale tels que Günther Förg, Martin Kippenberger, Imi Knoebel et Albert Oehlen, et aussi des artistes autrichiens comme Herbert Brandl et Franz West, avec qui, suite à une collaboration à long terme, sont organisées régulièrement de nouvelles expositions d'art. Grâce aux représentants de Francfort, dans la Galerie Bärbel Grässlin sont présentés des artistes comme Heiner Blum, Tobias Rehberger et Thomas Werner.

Galerie Bärbel Grässlin, Bleichstraße 48, tél. 069 280.961,
*heures d'ouverture : mardi-vendredi 10-18h, samedi 10-14h, **www.galerie-graesslin.de***

La **GALERIE SCHUSTER** ouverte au centre de la ville par Claudia et Helmut Schuster, dispose de 250m2 de superficie d'exposition. Depuis janvier 1997, la galerie collabore à Berlin avec le partenaire K. Scheuermann sous le nom Galerie Schuster/Scheuermann. La galerie de de Berlin est localisée dans la zone Mitte de Berlin. Le point culminant du programme des expositions constitue la peinture internationale moderne. L'échange des expositions avec des partenaires renommés constitue un élément de philosophie de deux galeries.

Galerie Schuster, Fahrgasse 8, tél. 069 292993,
*heures d'ouverture : mardi-vendredi 13-18h, samedi 11-16h, **www.galerie-schuster.de***

GALERIE DETTERER

Hanauer Landstraße 20-22, tél. 069 491613,
*heures d'ouverture : mardi-vendredi 13-18h, samedi 11-14h, **www.detterer.de***

GALERIE HÜBNER présente l'art moderne, la peinture et la sculpture de jeunes artistes internationaux. La galerie occupe le rez-de-chaussée et le premier étage splendides à l'intérieur d'une maison à Frankfurt Westend, construite dans le style de Gründerzeit.

Galerie Hübner, Grüneburgweg 71, tél. 069 721281,
*heures d'ouverture : mardi-vendredi 13-18.30h, samedi 10-14h, **www.galerie-huebner.de***

GALERIE HEIMSPIEL Les galeristes Uwe Hans (Agence) et dr Astrid Ihle (Galerie) présentent des œuvres d'artistes contemporains. Les travaux des artistes de Francfort/Rhin-Main constutuent le point culminant du programme des expositions artistiques.

*Heimspiel Galerie + Shop, Wittelsbacherallee 59, tél. 069 48981544, heures d'ouverture : me-ve 13-19, sa 11-16h, U4 Höhenstrasse, S-Bahn 14, bus n° 32 Habsburger-/Wittelsbacherallée, **www.heimspiel-ffm.de***

AUSSTELLUNGSRAUM GUTLEUT 15 & GUTLEUT VERLAG Le galeriste, éditeur et artiste Michale Wagener a formé par l'intermédiaire de tous les moyens qu'il avait à sa disposition, un network d'images et de textes dans la zone périphérique. Une petite cour raffinée au cœur de Francfort avec une petite galerie aménagée à l'internationale et un petit program-

me de publications de l'art le plus jeune et le plus innovant. A deux minutes à pied de l'Hauptbahnhof et de la Kaiserstrasse, à deux minutes à pied du Main.

Gutleut15 & Gutleut Verlag,
Gutleutstraße 15, tél. 069 33088939,
heures d'ouverture : suivant des accords,
www.gutleut15.com

ALISSA WALSER, DISEGNO; FONTE: KUNSTKONTOR-FFM.DE

Francfort
mobile

Dans la plus petite métropole du monde, on peut sans aucun problème se déplacer à pied ; il n'est pas rare que la curiosité suivante se trouve juste à coté. Le vrai centre de Francfort est très compacte et très dégagé. Pour ceux qui préfèrent la commodité, la ville offre de nombreuses possibilités de se déplacer en ville.

BUS & TRAINS Francfort dispose d'un réseau serré de bus et de trains. Les lignes de S-Bahn sont recommandées pour des distances plus longues, même en dehors de la ville. Les lignes de métro U-Bahn et les tramways couvrent la zone citadine. Toutes les lignes sont numérotées et leurs destinations sont indiquées par les noms des stations finales, p.ex. : U1 – Südbahnhof. Cela veut dire que cette U-Bahn n° U1 se déplace dans la direction de la station finale Südbahnhof. Le plan du réseau est affiché sur toutes les stations d'arrêt et à l'intérieur des wagons. Le plan de U-Bahn et de S-Bahn est aussi imprimé sur la page interne de la couverture du présent guide. Les U-Bahn et les S-Bahn circulent jusqu'à 1h du matinet les week-ends, circulent encore des bus de nuit.

Pour en savoir plus : **www.rmv.de**

TAXI Les hôtels et les restaurant collaborent souvent avec des compagnies de taxi déterminées, cela veut dire qu'à un endroit donné on appelle seulement un taxi de compagnie partenaire. Pour appeler à on propre compte, en vois quelques numéros :

Main-Taxi, tél. 069 733030, **www.main-taxi-frankfurt.de,** *Mainhattan-Taxi, tél. 069 777732,* **www.mainhattan-taxi.de**, *pour appeler le standard, tél. 069 250001*

VELO-TAXI Pour ceux qui désirent se focaliser sur la contemplation (mais cela n'est possible que dans des saisons chaudes, c'est-à-dire dans la période avril – octobre de 12 – 20h), il y a la possibilité de prendre un vélotaxi. A l'intérieur du vélotaxi il y a de la place pour deux personnes. Il est possible de se rendre aux destinations définies en suivant des itinéraires fixes. Le prix varie en fonction de la longueur du parcours. La station d'arrêt des vélotaxis est localisée près de l'Hauptwache.

Velotaxi Frankfurt, Tél. 0700VELOTAXI ou 06187900110, **www.0700velotaxi.de**

INDEX
ANALITICO

NUMEROS DE TELEPHONE IMPORTANTS ET ADRESSES UTILES DANS CHAQUE SITUATION

110	Police
112	Urgence médicale / pompiers
11833	Information/nationale
11844	Information/internationale
069 212-43936	Office de l'ordre public / remorquage
069 6301-1	Clinique universitaire, Theodor-Stern-Kai 7

www.klinik.uni-frankfurt.de

069 6301-7170	Urgence médicale pédiatrique
069 6301-6713	Urgence médicale dentaire
0180 2222222	ADAC Dépannage routier
0180 5021021	Numéro pour bloquer les cartes EC
069 212-38800	Information touristique Hauptbahnhof
01805 996633	Deutsche Bahn Service de voyage
01805 3724636	Aéroport Infocenter

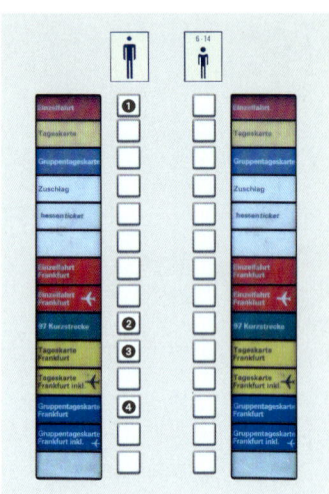

❶ 1. Aller simple Francfort : valable pour un aller simple au centre de Francfort (zone de tarif 50). Le prix peuvent varier en fonction du moment de la journée (prix de base – heures de pointe).

❷ 2. Court parcours : valable pour un aller sur un parcours de 3 stations d'arrêt ou moins. Les destinations respectives sont affichées sur les automates (en haut, à gauche).

❸ 3. Carte journalière : pour de plus de 3 allers par jours, il est intéressant d'acheter une carte journalière. Avec cette carte, il est possible de se déplacer dans des directions voulues à partir du moment de son acquisition jusqu'à la fermeture du service. Note : il n'existe pas de cartes de 24h ! Une carte journalière est valable seulement pour le centre (zone de tarif 50), elle n'est pas valable pour aller à l'aéroport.

❹ 4. Cartes journalières de groupe : valable pour 2 à 5 personnes (adultes et enfants au dessus de 12 ans). Avec cette carte, il est possible de se déplacer dans des directions voulues à partir du moment de son acquisition jusqu'à la fermeture du service. Voir aussi la note « Cartes journalières ». Billets de groupe de plus de 10 personnes sont disponibles sur commande.

➡ Billets RMV ne sont pas valables pour les trains à long parcours (IC, EC, ICE).